VERONICA FRENZEL

JUST SHARE IT!

KNESEBECK

VERONICA FRENZEL
Mit Fotografien von AGATA SZYMANSKA-MEDINA

JUST SHARE IT!

Mit Features
von Nunu Kaller.
Bekannt von
»Ich kauf nix«

DER GUIDE ZUM TEILEN, TAUSCHEN, LEIHEN

DIE BESTEN ONLINE- UND
VOR-ORT-INITIATIVEN

KNESEBECK

VORWORT SEITE 6

#1 Food SEITE 10

#2 Fashion SEITE 50

#3 Daily Life SEITE 82

#4 Mobility SEITE 116

#5 Living SEITE 138

#6 Kids SEITE 174

#7 Books & Art SEITE 192

HEUTE FANG ICH AN! SEITE 218   **DANK** SEITE 221

TEILEN TUT GUT

In meinem Leben wiederholt sich eine Szene: Ich sitze mit Freunden zusammen – in einer Kneipe, in einer Küche, im Park – und unser Gespräch kreist um all das Besorgniserregende, das gerade in der Welt passiert, um Klimawandel und Umweltverschmutzung, um globale und lokale Ungerechtigkeit, um wachsenden Egoismus. Und uns überkommt ein Gefühl der Machtlosigkeit. Sind wir nicht Teil des Übels? Schließlich leben wir dort, wo der Großteil der Verschmutzung verursacht wird, wo die Menschen verhältnismäßig im Luxus leben. Auf Kosten anderer …

Die Stimmung ist auf dem Nullpunkt. Bis einer von uns ruft: »Stopp! Zukunft ist doch die Summe von dem, was wir alle gemeinsam bewegen. Wir können etwas ändern.« Und dann geht es wieder aufwärts. Wir erinnern uns gegenseitig: Wir sind nicht machtlos. Unser Handeln verändert etwas. Und wir können sehr viel machen, damit die Gesellschaft so funktioniert, wie wir sie uns wünschen: solidarisch, nachhaltig, gerecht.

Zukunft leben

Allein um uns herum in Berlin gibt es Tausende, die Alternativen im Kleinen schon leben. Die Menschen teilen, tauschen, leihen, über-

nehmen Verantwortung füreinander und für die Gesellschaft. Sie schaffen gemeinsam eine Parallelstruktur und -kultur, die keinen konsumgesellschaftlichen Regeln folgt, wo Ressourcen geschont werden, wo niemand ausgebeutet wird. Wir müssen nur eintauchen, mitbauen.

Mit solidarischer Landwirtschaft können wir der industriellen Produktion von Lebensmitteln etwas entgegensetzen, mit gemeinschaftlichen Wohnprojekten der Aufwertungslogik des Immobilienmarktes entgegenwirken.

Wir können in Ladenlokalen oder im Wohnzimmer Klamotten tauschen, wir können unsere ausgemusterten Sachen in die »Umsonst Ecken« der Kneipen legen, wo sich jeder bedienen kann. Das Internet erweitert unseren Handlungsspielraum. Wir können über Nachbarschaftsnetzwerke auch jemandem, den wir noch nie gesehen haben, unseren Grill und das Schlauchboot leihen. In Facebookgruppen können wir ausrangierte Möbel, Küchenutensilien und Kinderwagen an Fremde verschenken – und Großzügigkeit in die Welt schicken.

Noch verbrauchen wir global gesehen viel mehr Ressourcen als nachwachsen können. Und leider geht der Trend gerade sogar in die falsche Richtung. Der Welterschöpfungstag, der Tag im Jahr, an dem alle natürlichen Vorräte verbraucht sind, die die Erde aktuell für jeden Menschen bereithält, kommt immer schneller im Jahr.

Tatsächlich haben wir in Europa so einiges damit zu tun. Der ökologische Fußabdruck eines Europäers ist drei Mal so groß wie das Volumen an Ressourcen, das die Erde aktuell für jeden Menschen bereithält. In der Europäischen Union, wo acht Prozent aller Menschen leben, werden 20 Prozent der globalen Ressourcen verbraucht. Und wenn alle auf der Welt so konsumieren würden wie der durchschnittliche Deutsche, bräuchten wir ganze vier Planeten.

Gier vs. Bedürfnisse

Das Resultat: Naturkatastrophen häufen sich, Wälder schrumpfen, Trinkwasserquellen versiegen. Der Kampf um Ressourcen wächst, die Konkurrenz wird größer. Die Artenvielfalt geht zurück. Pro Jahr sind im vergangenen Jahrhundert allein zwei Wirbeltierarten ausgestorben.

»Wer in einer begrenzten Welt an unbegrenztes exponentielles Wachstum glaubt, ist entweder ein Idiot oder ein Ökonom.«

»Die Welt hat genug für jedermanns Bedürfnisse, aber nicht für jedermanns Gier«, sagte Mahatma Gandhi kurz nach der Unabhängigkeit Indiens von Großbritannien. Der entmenschlichte Kapitalismus, können wir den noch verhindern? Dass Ressourcensparen für die Menschheit überlebensnotwendig ist, haben die Politiker heute eigentlich längst erkannt. Bloß werden die Ziele der Klimapolitik nicht eingehalten.

Wachstum first

»Wer in einer begrenzten Welt an unbegrenztes exponentielles Wachstum glaubt, ist entweder ein Idiot oder ein Ökonom«, schrieb der Ökonom Kenneth Boulding. Diese Logik unseres aktuellen Wirtschaftens widerspricht auch den Gesetzen der Natur, wo jedes Wachsen ein natürliches Ende hat, und wo alles, was nicht aufhört zu wachsen, irgendwann in sich zusammenbricht. Und trotzdem hat die Wirtschaftspolitik Vorrang vor der Klimapolitik.

»Unsere Wirtschaft ist wie ein Bodybuilder, der immer mehr Muskelmasse zulegen will,

egal wie aufgepumpt er schon ist, und der gleichzeitig alle anderen Wesenszüge verkümmern lässt«, sagt Christian Felber, Begründer der Gemeinwohl-Ökonomie, der daran arbeitet, dass das Wirtschaften wieder dem Wohl aller Menschen untergeordnet wird.

Es ist eigentlich seltsam, dass das Teilen, Tauschen und Leihen nicht längst zur Massenbewegung geworden ist. Die Fähigkeit und der Wunsch, mit anderen zusammenzuarbeiten und großzügig zu sein, sind nämlich in unseren neuronalen Schaltkreisen verankert. Das haben Neurowissenschaftler gerade herausgefunden. Wer kooperiert und gibt, der steigert sein Wohlbefinden. Der US-amerikanische Psychologe John Bargh zählt die Kooperation sogar zusammen mit dem Überleben und der Fortpflanzung zu den drei wichtigsten menschlichen Trieben. Nichts erfüllt uns mehr als starke zwischenmenschliche Beziehungen.

Andersherum: Unser Wohlstand macht nicht glücklich. Der Preis ist einfach zu hoch: Unsere Ressourcen werden knapper, der Konkurrenzkampf nimmt zu und wir entfremden uns von den Mitmenschen. Obwohl Deutschlands Wohlstand in den vergangenen 35 Jahren

praktisch ohne Unterbrechung gewachsen ist, sind wir nicht immens glücklicher geworden. Das Land mit der höchsten Lebenszufriedenheit ist übrigens Dänemark, hier bei uns dementsprechend Schleswig-Holstein, wie der Glücksatlas jährlich herausfindet.

All die Initiativen zum Tauschen, Teilen, Leihen erinnern uns daran, dass Konkurrenz nicht sein muss, dass wir uns auch anders in der Welt bewegen können, dass sich miteinander viel besser anfühlt als gegeneinander. Sie zeigen uns, dass wir einen Ort schaffen können, wo wir füreinander und für die Erde sorgen.

Also, nehmt euer Glück in die Hand, teilt es einfach! Ich zeige euch viele Initiativen und Start-ups, deren geniale Ideen das Teilen vereinfachen. Ganz nebenbei lernt man dann die Liebe seines Lebens kennen – oder sich selbst besser. **Nunu Kaller von www.ichkaufnix.com** erklärt ganz pragmatisch, wie das Teilen sich im Alltag so abspielen kann. Ihr werdet sehen, wenn man sich auf die Sharing Economy mal einlässt, wird klar: Wir können im Ganzen nur gewinnen!

FOOD-WASTE HIERZULANDE?
Eine schlappe LKW-Ladung pro Minute!

#1 Food

Veganer, Vegetarier, Flexitarier:
Wie wir uns ernähren ist heute Teil
unserer Identität
und kann durchaus mal
darüber entscheiden,
ob wir das begehrte Zimmer
in einer Wohngemeinschaft bekommen.

WIR SIND, WAS WIR ESSEN

Dass Essen so wichtig ist, ist eigentlich gar kein Wunder. Unser Verdauungssystem spielt nämlich bei unserem Denken und Fühlen eine riesige Rolle. Die allermeisten Nervenbahnen verlaufen vom Darm in Richtung Gehirn – nicht andersrum. Wie wir uns ernähren, wirkt sich darauf aus, wie wir in die Welt gehen. Wir sind, was wir essen.

Essen wegwerfen?

Doch obwohl Essen so einen herausragenden Stellenwert in unserem Leben hat, sind wir heute von der Entstehung unserer Nahrung so weit entfernt wie selten zuvor, und zwar im wahrsten Sinne des Wortes. Die meisten von uns sehen, wie ich, Fleisch nur noch portioniert und verpackt im Supermarkt, dazu Milch im Karton, Radieschen schön abgebürstet im Bündel. Wir haben gar keine Vorstellung mehr davon, wie lange Gemüse braucht, bis es reif ist. Wer könnte schon ohne Internetrecherche sagen, dass ein Salatkopf 60 bis 120 Tage wächst, bis er geerntet wird? Wer weiß heute noch, wie frische Milch schmeckt? Und wer war schon mal dabei, als ein Tier geschlachtet wurde?

Moderne Bauernhöfe sind nicht selten voll automatisiert. Maschinen gießen nach Zeitschaltuhr, ernten Kartoffeln und Kohl, melken die Kühe, sammeln die Eier aus den Legebatterien. Der Bauer ist Agrarmanager und muss vor allem die Rendite im Auge behalten.

Kam bei Oma nie infrage!

Es ist gar nicht so lange her, da war unsere Beziehung zum Essen noch sehr viel enger und sinnlicher. Wer einen Garten hatte, zog sein eigenes Gemüse. Meine Mama holte als Kind die Milch noch beim Bauern, der melkte sie ihr direkt in die Blechkanne. Meine Oma, die mitten in München lebte, kaufte den Sonntagsbraten noch direkt auf dem Hof, wo die Tiere lebten. Wenn sie zu früh kam, musste sie beim Schlachten mit anpacken, also das Lamm oder das Huhn festhalten.

Da war sie kein Einzelfall: Vor ein paar Jahrzehnten wusste so gut wie jeder aus eigener Erfahrung, wie aufwendig es ist, Gemüse zu

FOODWASTE

EUROPAWEIT
WERDEN
88 Mio. TONNEN
IM JAHR
weggeworfen,
ETWA EIN DRITTEL ALLER
PRODUZIERTEN LEBENSMITTEL

1 **LKW**-LADUNG
PRO MINUTE

150 Kilogramm
AN LEBENSMITTELN
ENTSORGT
JEDER DEUTSCHE
DURCHSCHNITTLICH IM JAHR.
ZWEI DRITTEL DES
AUSSORTIERTEN ESSENS
IST DABEI NOCH GENIESSBAR,
ES SIEHT NUR NICHT MEHR
ganz perfekt AUS.

Nicht SCHÖN genug

SCHON DIE **Bauern**
SORTIEREN EINEN TEIL
IHRES GEMÜSES UND
IHRER FRÜCHTE AUS,
WEIL SIE NICHT DIE NORMEN
DES HANDELS ERFÜLLEN.

DIE SCHLIMMSTEN
ESSENSVERSCHWENDER
SIND **wir selbst**
MIT 6,7 MIO. TONNEN.
IN DEN SUPERMÄRKTEN FALLEN
550 000 TONNEN AN
LEBENSMITTELABFALL JÄHRLICH AN.

In Europa werden jährlich 88 Mio. Tonnen
Lebensmittel weggeworfen, knapp die Hälfte
davon in privaten Haushalten.

Ob vom Markt oder aus der Ökokiste von Bauern aus dem Umland: Hauptsache, das Gemüse kommt nicht übers Mittelmeer oder die Ozeane geflogen …

ziehen, wie viel Fürsorge ein Huhn oder eine Kuh braucht. Vor allem die, die noch den Krieg oder die Nachkriegszeit erlebt hatten. Essen wegwerfen? Kam bei meiner Oma nie infrage! Sie haushaltete so sorgsam, dass nichts verkam. Niemals hätte sie eine Kartoffel, die schon gekeimt war, verschmäht. Meine Mama, die in den Fünfzigerjahren aufwuchs, musste noch dem Lehrer melden, wenn sie ihr Butterbrot nicht aufessen konnte, und wurde ermahnt, das nächste Mal nichts übrig zu lassen.

Innerhalb weniger Jahrzehnte haben sich unsere Werte radikal gewandelt, parallel zum Wirtschaftswachstum und zur Industrialisierung der Lebensmittelherstellung. In Europa haben wir uns zu Rekordverschwendern gemausert. Die Zahlen variieren, doch die EU schätzt, dass jeder Deutsche jährlich etwa 150 Kilogramm Lebensmittel wegwirft. Und das, obwohl wir alle wissen, dass andernorts Millionen Menschen Hunger leiden.

Aber viele tun auch etwas dagegen. Immer wieder entdecke ich inspirierende Initiativen. Junge Leute schließen sich mit Bauern zusammen, nehmen alles ab, was der Acker hergibt – und sie zahlen ihren monatlichen Beitrag, selbst wenn die Ernte mal geringer ausfällt. Restaurantbesitzer servieren kleinere (und günstigere) Portionen, um weniger wegwerfen zu müssen. Wer seinen Teller nicht leert, muss manchmal sogar einen Aufpreis bezahlen. Biomarkthändler und seit Kurzem auch Aldi & Co. nehmen »Culinary Missfits« wieder ins Sortiment: aufgeplatzte Kohlköpfe, dreibeinige Möhren, Zwergkartoffeln und Riesenzucchini.

Einfach mal ausprobieren: In einem Abfalltagebuch sich die eigene Verschwendung bewusst machen und vielleicht anders einkaufen.

Auf *www.reste-essen.de* Lebensmittelreste für passendes Rezept eingeben. Vom Bundesministerium für Ernährung und Landwirtschaft gibt es die App »Zu gut für die Tonne!«.

AUSSERSTANDE
AUCH NUR EINE
EINZIGE KAROTTE
WEGZUWERFEN

VALENTIN THURN
GRÜNDER VON FOODSHARING.DE

In **Valentin Thurns** Elternhaus waren Lebensmittel heilig, das Wegwerfen dementsprechend eine Sünde. Seine Mutter hat noch Krieg und extremen Hunger erlebt. Ihre Werte und ihre Erziehung haben den Journalisten und Dokumentarfilmer geprägt. Bis heute ist er selbst außerstande, eine Karotte wegzuwerfen, die kommt dann eben in einen Eintopf. Lebensmittel und Ernährung sind deshalb sein großes Lebensthema. In seinem Buch *Harte Kost* sucht er nach nachhaltigen Wegen, um die Menschheit zu ernähren. In dem Film »Taste the Waste« prangert er die Wegwerfmentalität der Ersten Welt an. Als er das erste Mal hörte, dass wir Europäer ausgerechnet bei Lebensmitteln besonders verschwenderisch sind, wollte er herausfinden, was eigentlich schiefläuft. Zunächst hatte er Schwierigkeiten, das genaue Ausmaß zu ermitteln. Bis 2009 hatte sich kein Amt, keine Universität dafür interessiert. Nach mühsamen Recherchen schätzte er grob: Die Hälfte aller Lebensmittel wandert in die Tonne!

Die Politik reagierte prompt, versprach, schnellstmöglich etwas gegen die wahnsinnige Verschwendung zu unternehmen, es wurde gelobt, bis zum Jahr 2030 wolle man die Lebensmittelabfälle um die Hälfte verringern. Die Bundesregierung initiierte den Preis »Zu

müses aus, denn in den meisten Supermärkten ist kein Platz für krumm Gewachsenes.

Valentin Thurn wollte nach seinen Recherchen selbst etwas tun und nicht länger auf die Politik warten. Mit einer Reihe von Mitstreitern gründete er den Verein Foodsharing. Sofort erlebte er, wie sich alles wandelt, wenn man selbst etwas ändert: »Einmal gab ich Äpfel aus meinem Garten weiter. Darauf brachte mir eine junge Frau ungefragt Mangold mit, den sie gerade geerntet hatte. Wer gibt, dem wird gegeben.«

gut für die Tonne!«, der Engagement gegen die Lebensmittelverschwendung auszeichnet.

Eine Lobby kontrollieren?

Rechtliche Schritte, die Supermärkte dazu zwingen sollten, weniger wegzuwerfen, fehlen allerdings bis heute. »Das hat einen einfachen Grund: Für Unternehmen in Deuschland lohnt sich das Wegwerfen, denn Nahrungsmittel sind billig und Arbeitskräfte teuer«, erklärt Valentin Thurn. »Dieser Fakt ist bis heute eines der großen Hindernisse für politische Veränderungen.« Weil sie nicht den Anforderungen der Supermärkte genügen, sortieren die meisten Bauern weiter die Hälfte des Ge-

Thurn blieb mit seiner Initiative nicht alleine. »Wir wollen vor allem wieder ein anderes Bewusstsein für Lebensmittel schaffen, wir wollen, dass sie wieder als Mittel zum Leben wahrgenommen werden«, sagt er und meint auch alle anderen Aktiven. Aber nicht nur das: Es geht auch darum, ein respektvolleres und menschlicheres Miteinander zu erreichen, ein Leben im Einklang mit der Natur, unserer eigenen und der Umwelt.

»Jeder von uns hat einen Handlungsspielraum«, hat Valentin Thurn erkannt. »Es gibt keinen Grund, in Pessimismus zu verfallen.«

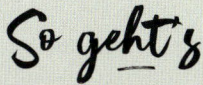

FOODSHARING

Hunderte von »Fair-Teilern« gibt es mittlerweile, es sind Umsonstläden, soziale Einrichtungen, Bioläden. In der Foodsharing-Sprache heißen so Orte, wo gerettete Lebensmittel weitergereicht werden. Für jeden »Fair-Teiler« gibt es einen Verantwortlichen. Der überprüft regelmäßig, ob Hygienevorschriften und Standards eingehalten werden. Sensible Lebensmittel, die ein Verbrauchsdatum haben, wie Fisch, Fleisch und Eierspeisen, darf man dort zum Beispiel nicht ablegen, natürlich auch keine verdorbene Nahrung. Das Vertrauensprinzip funktioniert bei **www.foodsharing.de** hervorragend.

- Über 200 000 Nutzer sind bei www.foodsharing.de registriert, die meisten in Deutschland, aber auch einige in Österreich und in der Schweiz.

- Fast 40 000 »Foodsaver« gibt es mittlerweile in Deutschland, Österreich und in der Schweiz.

- Sie sammeln die aussortierte Ware von über 4000 Betrieben, Supermärkten, Kantinen, Bäckereien, Großhandelsketten ein.

- Seit Gründung der Initiative im Jahr 2012 haben die Retter mehr als 14 Millionen Kilogramm Lebensmittel entgegengenommen.

Zu viel eingekauft? Lust zu teilen?
Mehr unter: www.foodsharing.de

jedoch eine der wichtigsten Eigenschaften von Essensrettern, fast genauso wichtig wie Diskretion. Auf keinen Fall sollen sie den Ablauf stören. Die Verkäufer dürfen nicht warten. Kunden sollen nicht mitbekommen, dass in dem Laden, in dem sie einkaufen, auch Waren umsonst ausgegeben werden.

Helen läuft durch die Hofeinfahrt nach vorne zum Kundeneingang des Biosupermarkts, vorbei an der Backabteilung, in die Gemüseabteilung, wo eine Verkäuferin gerade Paprika mit weichen Stellen in eine Kiste legt. »Wir sind da«, sagt Helen leise zu ihr.

»Ich war total schockiert«

Zum Foodsharing und Essensretten kam Helen über eine Nachbarin. An einem Abend vor fünf Jahren begegnete sie einer Frau im Treppenaufgang, die schleppte Kisten voller Auberginen, Zucchini, Äpfel, Kartoffeln, Joghurtbecher, Lachsfilets in ihre Wohnung. Die Nachbarin bot ihr an, sich zu bedienen, und erklärte, dass sie das alles gerade in einem Biomarkt abgeholt hatte, dass die Ware dort gerade aussortiert worden war.

»Ich war total schockiert«, erzählt Helen. »Ich musste erst mal verarbeiten, dass wir so sorg-

Helen, 58, manövriert ihren Kleinwagen in eine Hofeinfahrt in Berlin-Moabit und parkt vor dem Lieferanteneingang eines Biosupermarkts. Sie bringt keine neuen Lebensmittel. Die Klavierlehrerin ist hier, weil sie abolen will, was die Verkäufer aussortiert haben. Weil das Mindesthaltbarkeitsdatum abläuft. Weil Gemüse oder Obst nicht mehr perfekt aussehen. Die gebürtige Hamburgerin ist eine Essensretterin.

Wie immer ist Helen zu früh. Erst in einer Viertelstunde wird ein Mitarbeiter des Ladens das Tor öffnen, in das normalerweise die frische Ware hineingetragen wird. Pünktlichkeit ist

Auch viele frische Lebensmittel rettet Helen vor dem Abfall – sie hat ein Netz an Abnehmern in ihrer Nachbarschaft aufgebaut.

und respektlos mit Lebensmitteln umgehen.« Wenig später, im Sommer 2014, meldete sich Helen selbst als Retterin.

Regelmäßig stellt sie sich auch auf die Straße und verteilt an Passanten, was sie gerade abgeholt hat. Viele reagieren abweisend. Sie können zunächst nicht glauben, dass ihnen jemand (brauchbare) Lebensmittel schenken will. Andere sagten, sie wollen kein Essen geschenkt, sie seien doch nicht bedürftig.

Helen ist für drei Betriebe verantwortlich. Sie muss dafür sorgen, dass zu den Abholzeiten, die die Läden vorgeben, mindestens ein Lebensmittelretter am vereinbarten Abholort ist. Findet sich niemand, rettet Helen selbst. Mindestens zwei Mal in der Woche holt sie aussortierte Lebensmittel selbst ab.

»Braucht ihr was?«

Als Helen an diesem Abend zurückkehrt zum Lieferanteneingang des Biomarktes in Berlin-Moabit, rollt eine Verkäuferin einen einzigen Einkaufswagen heraus, der ist allerdings bis obenhin gepackt. »Eine durchschnittliche Menge«, sagt Helen später. In der obersten Kiste sind Brot, Brötchen und Kuchen, in der zweiten abgepackter asiatischer Nudelsalat, Milch und Joghurt, Apfelsaft, die dritte ist voll mit Paprika, Tomaten und Äpfeln. Nach wenigen Minuten ist alles im Kofferraum, im Einkaufsroller und im Rucksack verstaut.

»Bin gleich da!«

Während Helen ins Auto steigt, greift sie zum Handy. »Ich habe Brot und Milch, braucht ihr was? Bin gleich da.« Dann wählt sie die nächste Nummer. »Wollt ihr Paprika und Tomaten? Ich komme jetzt vorbei.«

Helen hat ein Netzwerk von Abnehmern aufgebaut. Nachbarn, die wenig Geld haben, und solche, die etwas gegen die Verschwendung tun wollen. An diesem Abend bringt sie dem behinderten Pärchen im Erdgeschoss die Backwaren und die Milch. Die beiden kochen nicht so gerne und ernähren sich vor

>> Seit ich so viel Zeit
mit Kochen und Lebensmitteln verbringe,
hat sich mein Leben entschleunigt. <<

allem von Brot. Dem dementen, alten Mann, der im Vorderhaus wohnt, bringt sie Kuchen; süße Backwaren sind das Einzige, was ihm noch richtig schmeckt. Dem Nachbarn aus dem Nebenhaus liefert sie das frische Obst und Gemüse.

»Ich soll dich aus Köpenick grüßen«, sagt der, als er seine Kiste entgegennimmt. Der Mann hat sein eigenes Netzwerk aufgebaut, er verteilt das, was Helen ihm bringt, an Verwandte und Kollegen, bis an den Ortsrand von Berlin.

Wenn ihre regelmäßigen Abnehmer mal nicht da sind oder keinen Bedarf haben, bringt Helen die geretteten Lebensmittel entweder zu einer Obdachlosenunterkunft in ihrer Nachbarschaft oder zu einer Wohngemeinschaft, in der drogenabhängige Jugendliche leben.

Ran an die Püriermaschine

Schon lange hat sie nichts mehr weggeschmissen. »Mein Umgang mit Essen hat sich am ersten Tag als Essensretterin verändert. Ich bin heute einfach nur dankbar für alle Lebensmittel und verwerte alles, was ich bekomme.«

Kurz nach der ersten Rettungsaktion hat sie sich eine Püriermaschine gekauft und eine Dunstabzugshaube installiert. Obst und Gemüse, das sie nicht verteilen und nicht gleich selbst essen kann, weckt sie ein, verarbeitet sie zu Säften. In ihrem Keller stapeln sich Gläser mit Marmeladen und Pastasaucen.

»Seit ich so viel Zeit mit Kochen und Lebensmitteln verbringe, hat sich mein Leben entschleunigt. Die Zeit rast nicht mehr so davon.«

Früher fühlte sie sich ohnmächtig angesichts der gesellschaftlichen Verhältnisse. Sie kritisierte viel, tat aber nichts. »Jetzt tue ich etwas für eine menschlichere Gesellschaft, in der wir die Natur und unsere Mitmenschen achten – das ist ein gutes Gefühl.« Das Ziel ist klar: Foodsharing soll sich irgendwann selbst abschaffen. Denn wenn alle so sorgsam mit Lebensmitteln umgehen, dass nichts mehr verschwendet und überflüssig wird, muss niemand mehr aussortierte Ware abholen.

RAPHAEL FELLMER

ist Mitbegründer von www.foodsharing.de und Gründer des ersten »Rettermarkts« in Deutschland, SIRPLUS. Mittlerweile kommen über 600 Kunden täglich in den Laden.

Lebensmotto:

» *Lebe den Wandel, den du auf Erden sehen willst.* «

REIN IN DEN RETTERMARKT

INTERVIEW MIT DEM GRÜNDER RAPHAEL FELLMER

Raphael Fellmer steht vor seinem Laden SIRPLUS in Berlin-Charlottenburg und holt aus einem Lieferwagen unzählige Kisten mit Roter Bete. Ein Mitarbeiter hat sie gerade von einem Biobauern in Brandenburg abgeholt. Die Knollen wären sonst in einer Biogasanlage gelandet. Für den offiziellen Handel waren sie zu klein. In Fellmers »Rettermarkt« SIRPLUS sind sie genau richtig.

SIRPLUS ist mit The Good Food in Köln einer von zwei ersten sogenannten Rettermärkten in Deutschland. Dort gibt es Lebensmittel, die woanders aussortiert wurden. Der Unterschied zu www.foodsharing.de: Man kann wie gewohnt in einen Laden gehen.

Mann der ersten Stunde

Raphael Fellmer ist ein Pionier im Lebensmittelretten. Angefangen hat er mit Containern, nachts suchte er in den Mülltonnen von Supermärkten nach aussortierter Nahrung. Fünf Jahre lebte er ohne Geld, nur vom Überfluss. Er fasste den Plan, das Ausgemusterte auch jenen Menschen zugänglich zu machen, die keine Lust hatten, nachts in Tonnen zu wühlen, denen die Wegwerfmentalität aber auch missfiel. Er traf sich mit den Verantwortlichen der Supermärkte, in deren Containern

er nachts mit Taschenlampe stieg, und bat, die aussortierten Lebensmittel tagsüber und ganz offiziell abholen zu dürfen. Es war die Geburtsstunde der Lebensmittelretter. Fast zur gleichen Zeit, im Frühjahr 2012, erfuhr er von www.foodsharing.de und kontaktierte Valentin Thurn. Der bastelte gerade mit seinem Team an der Plattform. Wenige Wochen später war er Mitglied von www.foodsharing.de.

» Mein Ziel ist gleich geblieben, nur die Strategie hat sich geändert. «

Du hast containert, du warst unter den Mitgründern der Initiative www.foodsharing.de. Und warum jetzt der Rettermarkt SIRPLUS?

Mit www.foodsharing.de hatten wir einen Riesenerfolg, vor allem für eine ehrenamtliche Initiative. Aber ich fand frustrierend, dass wir an dem gigantischen Ausmaß der Lebensmittelverschwendung nur wenig ändern können.

Außerdem habe ich gemerkt, dass Essenretten für viele einfach zu aufwendig ist. Nicht jeder kann das in seinen Alltag integrieren, nicht jeder kann mittags lostiefeln, Gemüse und Obst sortieren, mit nach Hause nehmen, an Nachbarn weiterverteilen. Ich habe gemerkt, Foodsharing ist eine tolle Lösung, aber nur für eine Nische. Ich wollte das Problem ganzheitlicher angehen.

Und das leistet der Rettermarkt?

Mit SIRPLUS wollen wir das Lebensmittelretten zum Mainstream machen, es aus der Nische holen, salonfähig machen. Es ist nicht länger nur für diejenigen möglich, die es gut in ihren Alltag integrieren können, weil sie Zeit haben, nicht voll arbeiten oder keine Kinder haben. Der Rettermarkt trägt dazu bei, Essenretten in der Mitte der Gesellschaft zu verankern. In unserem Markt ist das Lebensmittelretten so würdig und ansprechend gestaltet, dass sich alle Menschen wohlfühlen.

Lebensmittel, deren Mindesthaltbarkeitsdatum überschritten ist, die nicht perfekt sind, werden so hoffentlich nicht länger als gut genug für Arme und Bedürftige betrachtet. Und nicht nur Konsumenten sollen dank dem einfachen und zugänglichen Konzept Lust haben, mitzumachen und Teil der Lösung zu werden, auch Betriebe und Unternehmen. Wir wollen sammeln, was jetzt noch auf dem Acker bleibt oder in den Biogasanlagen verheizt wird. Was die Tafeln und Foodsharing-Mitglieder aus logistischen Gründen nicht nehmen können, einfach weil es zu viel und zu weit weg ist, weil die Ehrenamtlichen keinen Fuhrpark haben, keine Lagerhalle.

Wir wollen eine Lösung bieten, die für alle sinnvoll ist, bei der jeder mitmachen kann, mit der jeder die Umwelt schonen und Geld sparen kann. Mit dem Onlineshop erreichen wir schon jetzt Menschen in ganz Deutschland.

Im September 2017 habt ihr das erste Geschäft eröffnet. Geht das Konzept auf?

Nach einem halben Jahr hatten wir schon Millionen Menschen erreicht, einfach weil wir das Thema Essenretten noch mal anders in die Welt getragen haben und es nach der Eröffnung sehr viele Medienberichte gab. Täglich kommen nunmehr über 1000 Kunden in unsere zwei Geschäfte. Immer mehr Leute verstehen: Das Mindesthaltbarkeitsdatum hat mit der Genießbarkeit nichts zu tun. Es ist sehr wichtig, dass diese Botschaft bei möglichst vielen Menschen ankommt. Denn ein großer Teil der Verschwendung findet noch immer in Privathaushalten statt. Bei uns im Rettermarkt sehen die Leute: Wenn die das legal verkaufen können, dann brauchen wir keine Bedenken haben, das zu essen.

Natürlich kann es mal vorkommen, wie im normalen Supermarkt auch, dass etwas nicht mehr gut ist, wir eine verschimmelte Mandarine übersehen. Wir weisen die Kunden darauf hin, dass so was passieren kann und bitten sie, achtsam durch unseren Markt zu gehen. Wir wollen die Verantwortung wieder aufteilen.

Wie in einem »normalen« Supermarkt finden die Kunden bei SIRPLUS eine große Auswahl an frischen und konservierten Waren – alle vor dem Abfalleimer gerettet.

»Das kann doch nicht wahr sein,
dass Lebensmittel,
die noch genießbar sind,
einfach weggeworfen werden!«

Wie hast du die Betriebe gefunden, die euch zuliefern?

Die meisten sind auf uns zugekommen. Entweder haben sie von uns gelesen oder jemand hat ihnen erzählt, dass wir aussortierte Lebensmittel im großen Stil annehmen. Für die Unternehmer ist es ein Gewinn, die Sachen bei uns abzugeben. Sie können anschließend damit werben, sie fühlen sich wohler, wenn sie Essen nicht wegwerfen, sondern weitergeben. Einige Biobauern aus Brandenburg haben uns sogar gesagt, dass wir sie vor der Pleite gerettet hätten. Denn wir holen die Sachen ab, die der Großhandel nicht nimmt, für die die Bauern aber Arbeitskraft und Mittel investiert haben und die sie sonst nur noch an Biogasanlagenbetreiber verscherbeln könnten. Von uns bekommen sie einen angemessenen Preis.

Du hast fünf Jahre ohne Geld gelebt, jetzt hast du ein Start-up gegründet …

Jetzt lebe ich mit Schulden, sehr vielen Schulden, und es werden immer mehr. Ohne Geld konnte ich viel bewirken. Aber mittlerweile bin ich davon überzeugt, dass ich mit Geld noch mehr bewegen und verändern kann. Mein Ziel ist gleich geblieben, nur die Strategie hat sich geändert.

Wie bist du damals zum Containern gekommen?

Im Jahr 2009 habe ich ein YouTube-Video von Leuten gesehen, die aus Containern Lebensmittel fischten. Ich war total schockiert, habe gedacht, das kann doch nicht wahr sein, dass Lebensmittel, die noch genießbar sind, einfach weggeworfen werden! Ich bin dann nachts zu meinem Supermarkt und habe nachgeschaut – und tatsächlich: Sie waren voll.

Was kommt nach dem Rettermarkt?

Wenn wir die Infrastruktur haben, die Marktplätze, wollen wir uns auch andere Ressourcen vornehmen: Kosmetik, Textilien, Haushaltswaren. Da wird ja auch viel weggeworfen, viel Überschuss produziert.

Wie siehst du die bisherige Entwicklung seit Beginn deines Engagements?

Ich bin davon überzeugt, dass die Wertschätzung von Lebensmitteln und von Ressourcen größer wird. Die Verschwendung wird sich aber in jedem Fall reduzieren, einfach, weil das jetzige System extrem ineffizient ist: 50 Prozent Ausschuss bedeutet 50 Prozent Überproduktion. Es werden Technologien entwickelt, die das effizienter gestalten. Unsere Gesellschaft wird einen intelligenten Umgang finden, wir werden alle achtsamer werden.

Selber mal bei SIRPLUS shoppen?
Mehr unter: www.sirplus.de

SELBERPFLANZEN STATT
KAUFEN – ODER
RAN AN DEN
ACKER!

Michaela Wolter freut sich in Bonn, einem von vielen Standorten der meine-ernte-Gärten, über die reichliche Ausbeute ihrer Parzelle. In der Nähe von Augsburg hat eine andere Gärtnerin ihr Paradies gefunden …

»Garten Eden« hat Gabriele Scheidgen das Stück Land genannt, das sie auf dem Acker von Bauer Stephan Körner gepachtet hat. Der Acker ist ihre Verbindung zur Natur, dort fühlt sie sich lebendig. Jeden Tag fährt sie mit dem Fahrrad die zehn Minuten zum Feld und schaut nach den Kartoffeln, den Zwiebeln, den Möhren, pflückt Salat und Tomaten fürs Abendessen, und wo sie geerntet hat, pflanzt sie junge Pflänzchen, die sie auf dem Balkon ihrer Stadtwohnung aufkeimen lassen hat.

Schon lange bevor die Mittfünfzigerin im Mai 2017 den Acker pachtete, sehnte sie sich nach einem Stück Land, auf dem sie selbst Gemüse anbauen konnte. Oft erinnerte sie sich an den Garten in ihrem Elternhaus, wo sie an der Seite ihrer Mutter Salate, Möhren, Tomaten, Kohlköpfe zog, so viel von allem, dass sie kein Gemüse kaufen mussten.

Seit sie vor 25 Jahren in die Stadt gezogen war, zog sie zwar Tomaten und Salate auf dem Balkon. Das war vor allem eine gute

Ablenkung zu ihrem manchmal sorgenvollen Halbtagsjob als Arbeitstherapeutin. Doch was sie dort erntete, reichte höchstens mal für einen frischen Salat.

Die lange Reise der Zwiebel

Im Supermarkt machte ihr der Einkauf schon lange keinen Spaß mehr, »weil dort selbst jede Kartoffel, jede Zwiebel eine lange Reise

hinter sich hat«. Den Wahnsinn der globalisierten Landwirtschaft wollte sie nicht mehr unterstützen, sondern lieber selbst aktiv werden. Also suchte sie im Telefonbuch die Nummer des Kleingartenvereins ein paar Querstraßen weiter heraus. Man nehme sie gern auf die Warteliste, die aber sei lang, es könnte bis zu fünf Jahren dauern, bis die nächste Parzelle frei wird, sagte man ihr dort.

Kurz darauf fand sie in der Lokalzeitung die Antwort auf ihre Sehnsucht: Ein Bauer gleich in ihrer Nähe verpachtete 50 Quadratmeter große Parzellen auf seinem Acker, wer dort gärtnern wolle, könne sich melden bei einer Initiative namens »meine ernte«. Gabriele Scheidgen rief sofort an.

Ein paar Tage darauf lief sie mit der Freundin, mit der sie sich heute den Acker teilt, über das Feld und rammte das Schild mit der Aufschrift »Garten Eden« in die Erde. »So gut hatte ich mich schon lange nicht mehr gefühlt«, erinnert sie sich an jenen Moment.

So geht's

MEINE ERNTE

Hinter der Initiative **www.meine-ernte.de** stecken Natalie Kirchbaumer und Wanda Ganders. Die Freundinnen empfanden im Studium die gleiche Sehnsucht wie Gabriele Scheidgen: Sie wollten selbst Gemüse anbauen und ernten, sich selbst versorgen, eine Verbindung zu ihren Lebensmitteln haben.

Da kam den beiden Frauen die Idee, einen Bauern zu fragen, ob er ihnen ein Stück Acker verpachten wolle. Und tatsächlich: Der erste, den sie fragten, fand die Idee großartig. Denn Städter sollten wieder ein Gefühl dafür bekommen, wo das Essen herkommt. Die beiden Frauen kontaktierten seitdem Bauern in ganz Deutschland.

- meine ernte gibt es in der Zwischenzeit an 24 Standorten.

- Der gemietete Acker ist bereits mit über 20 Gemüsesorten bepflanzt und besät.

- Wasser, Gartengeräte und umfangreiche Beratung stehen zur Verfügung.

Landwirt mit Mission ...

Es ist Stephan Körners Acker, auf dem Gabriele Scheidgens »Garten Eden« liegt. Er ist Landwirt aus Überzeugung. Einer seiner beiden Kindheitsfreunde war Sohn eines Bauerns, zu dritt spielten sie immer auf dem Hof, malten sich aus, als Erwachsene gemeinsam Tiere zu halten und Getreide anzubauen. Es blieb nicht beim Kindheitstraum. Die drei besuchten gemeinsam die Landwirtschaftsschule und betreiben seither gemeinsam den Bauernhof, auf dem sie früher spielten.

Stephan Körner war sofort von der Idee von Natalie Kirchbaumer und Wanda Ganders begeistert. Schon länger wünschte er sich, dass seine Mitmenschen wieder eine stärkere Verbindung zum Essen entwickelten. »Ich habe oft erlebt, dass die Leute keine Vorstellung mehr davon haben, wie Gemüse wächst oder was Nutztiere brauchen«, sagt er. Als seine Kollegen und er vor ein paar Jahren ein paar Ställe für Rinder und Schweine bauen wollten, ging ein Aufschrei durch das kleine Dorf Friedberg, in der Nähe von Augsburg,

wo der Hof liegt. »Die Anwohner warfen uns vor, Massentierhaltung zu betreiben. Dabei haben wir nur ganz wenige Tiere und halten sie absolut artgerecht.« Mithilfe der Initiative meine ernte wollten sie etwas dafür tun, dass die Leute wieder mehr von der Landwirtschaft verstehen und ein Gefühl dafür bekommen, wo ihr Essen herkommt.

... und Radieschen-Coach

Körner stellt deshalb heute ganzen 48 Kleingärtnern wie Gabriele Scheidgen ein Stück Ackerland zur Verfügung. Anfang Mai sät er Kartoffeln, Möhren, Rote Bete, Kohlrabi und Salat aus, übergibt dann den Pächtern die Parzellen. Bis November jäten die dort Unkraut, ernten, pflanzen. Alle zwei Wochen bietet Körner eine Gärtnersprechstunde an.

Einmal streckte ihm eine Kleingärtnerin ein überdimensionales Radieschen entgegen und fragte, was das sei. Als er sie aufklärte, antwortete sie überrascht, »ich dachte, die wachsen im Bündel!« Es ist auch schon passiert, dass Pächter vor einem Kopfsalat standen und nicht wussten, wie sie ihn ernten sollten.

Nur zwei Wochen nachdem Gabriele Scheidgen den Acker im ersten Jahr übernommen hatte, hat sie für die Saison das letzte Mal Gemüse gekauft. Danach ernährte sie sich ausschließlich von dem, was auf ihrem Land wuchs. Und mehr als ein halbes Jahr nach Saisonende aß sie noch immer ihre eigenen Kartoffeln. Mit den anderen Kleingärtnern tauscht sie regelmäßig Gemüse. »Dieses Stück Land hat mein Leben so bereichert wie weniges zuvor«, sagt sie glücklich.

Auch Lust auf ein Stück Ackerland?
Wie's geht: www.meine-ernte.de

>>Dieses Stück Land
hat mein Leben so bereichert
wie weniges zuvor.<<

ON TOUR >>>

... MIT EINER MUNDRÄUBERIN

Bäumen und Sträuchern, Bär- und Wunderlauch; im Sommer und Herbst mit Beeren und Obst. Sie hat gemeinsam mit ihren Kollegen eine Deutschlandkarte ins Netz gestellt, auf der sie fortlaufend neue Orte eintragen, an denen man fündig wird, wo Apfel- und Kirschbäume stehen, wo man Bärlauch und Brombeeren entdecken kann. In der Erntesaison, von April bis Oktober, führen Mundraub-Mitglieder zusätzlich in Berlin und Leipzig einmal im Monat zu den besten Ernteorten.

Ran an den Giersch

Magda, Röhrenjeans, Ringelshirt, feuerrote Haare, steht am Rand eines ausgedehnten Parks mitten in Berlin, umringt von zehn Männern und Frauen mit Fahrrädern.
»Nach dieser Tour werdet ihr nie wieder Salat im Supermarkt kaufen«, ruft Magda laut und herzlich. Sie schwingt sich auf ihr Rennrad. »Auf geht's«, ruft sie in den Park und macht dazu eine einladende Handbewegung.

Magda gehört zum Berliner Team der Initiative Mundraub, einer Gruppe von jungen Leuten, die dazu aufrufen, sich im öffentlichen Raum mit Nahrungsmitteln zu versorgen: im Frühling mit jungen Blättern und Blüten von

Magda hält an einer sonnenbeschienenen Lichtung, deren Sträucher mit hellgrünen Trieben bedeckt sind. Eigentlich rate sie ja immer dazu, auf Brusthöhe zu ernten, so sei man sicher vor tierischen und menschlichen Verunreinigungen. Aber jetzt im Frühling könne man die Goldnesseln und den Wunderlauch einfach nicht stehen lassen. »Müsst ihr eben gut waschen«, sagt sie, geht in die Knie, pflückt ein paar silbrig glänzende Blätter und weiße Blüten, »oder ihr pflückt an Orten, wo keine Spaziergänger und Hunde vorbeikommen.« Sie steckt Blüten und Blätter in den Mund, schließt die Augen. »Mmmmh!« Da die Sonne die Nektarproduktion gerade ankurbelt, sind die Blüten der Nessel extrasüß.

Sie dreht sich zu einer krautigen weißblühenden Pflanze um, die sich gleich neben der Goldnessel befindet. »Das ist Giersch, der ist extrem gesund, besonders bei Gelenkschmerzen.« Mit einer Schere schneidet sie ein paar Blätter ab, packt noch ein paar Wunderlauchstängel, die hier wie Unkraut wuchern, in den Jutebeutel ein und steigt wieder aufs Rad.

Magda kommt ursprünglich vom Dorf, ihre Eltern haben ihr gezeigt, dass ihre unmittelbare Umgebung eine Speisekammer ist. Während des Studiums hat sie sich auf Landschaftsnutzung und Naturschutz spezialisiert und viel zu »essbaren Städten« gelesen. Seitdem setzt sie sich dafür ein, dass die Stadtverwaltungen Bäume und Sträucher pflanzen, die nicht nur schön, sondern auch nützlich sind. Als einer ihrer Kommilitonen die Idee für Mundraub hatte, schloss sie sich sofort an. Sie ist Mitglied der ersten Stunde und eine eifrige Kartiererin. Sie führt nicht nur Erntewillige durch die Stadt, sondern ruft auch regelmäßig auf, selbst Essbares anzupflanzen.

Heute: »Baumsalat«!

Hinaus aus dem Park, hinein in eine Wohnsiedlung. Magda hält an einer Gruppe weiß blühender Apfelbäume. »In Innenhöfen von Wohnblöcken kann man auch hervorragend ernten«, sagt sie und blickt sich um. Von einem Balkon schaut eine ältere Dame herab. Magda lächelt freundlich. »Hier müssen wir mit besonders viel Fingerspitzengefühl unterwegs sein. Möglicherweise versorgen sich hier Anwohner, denen wollen wir natürlich nichts wegnehmen.« Am besten kommuniziere man einfach freundlich mit den Nachbarn.

Nächste Station ist eine Schrebergartensiedlung. Ein Paradies dank der Gartenflüchtlinge, essbarer Pflanzen, die sich von den umhegten Parzellen auf die Wege ausgebreitet haben. Magda hält an einer Birke, die voller hellgrüner Blätter hängt, pflückt und isst. »Birkenblätter wirken entschlackend«, sagt Magda. »Wir können jetzt im Frühling gar nicht genug davon essen.«

In einem kleinen Park hält Magda schließlich unter einem Bergahorn. Sie pflückt noch ein paar Blätter und erklärt, dass man Sirup ernten könnte, wenn man ein Loch in den Stamm bohrt und ein Gefäß darunterstellt. Dann breitet sie eine Picknickdecke aus, holt aus ihrem Rucksack eine Salatschüssel, eine Flasche Wasser und ein Glas mit Dressing und macht sich daran, einen »Baumsalat« zuzubereiten. »Das ist nicht nur richtig lecker – wenn ihr eine ganze Schale davon verputzt, ist das auch ein richtiger Vitalitätskick«, sagt sie und verteilt Gabeln. Die Teilnehmer spachteln genussvoll und sie schwärmt, wie gut unser Organismus an unsere Umgebung angepasst ist. »Schließlich haben wir uns Zehntausende Jahre von dem ernährt, was um uns herum wächst.«

Ihr wollt mitten in eurer Stadt ernten? Dann schaut mal vorbei: www.mundraub.org

So geht's

MUNDRAUB

Die Mitglieder der Initiative **www.mundraub.org** wollen nicht allein zum Ernten im öffentlichen Raum aufrufen. Ihnen ist das Gefühl wichtig, dass genug für alle da ist, und sie wollen zeigen, dass es in unserer Gesellschaft ein »selbstverständliches fruchtiges Grundauskommen für jedermann« gibt. Sie hoffen: Wenn wir das Konzept von Gemeingütern wiederbeleben, geht der Konkurrenzkampf zurück, das Miteinander bekommt einen höheren Stellenwert, die Gesellschaft gesundet. Die Idee zur Initiative kam den Gründern Kai Gildhorn und Katharina Frosch im September 2009.

- www.mundraub.org ist die größte Onlineplattform zur Entdeckung und Nutzung essbarer Landschaften weltweit.

- Die Initiative bietet geführte Entdeckertouren an.

- Die Erntekarte zeigt aktuell etwa 50 000 öffentliche Ernteplätze an.

mundraub

Zu Besuch bei
IDA NOWHERE

Vor dem unscheinbaren Ladenlokal sitzen junge, meist hip gestylte Menschen auf Holzbänken, trinken Bier und Saftschorle, rauchen oder löffeln aus tiefen Tellern Gemüse. Sie unterhalten sich angeregt. Aus dem Inneren dringt leise Elektromusik. Auf den ersten Blick sieht es aus, als stiege an diesem Donnerstagabend bald eine Party. Doch dann fallen die prall gefüllten Jutebeutel und Rucksäcke auf, die vor und neben den Besuchern stehen und aus denen Lauchzwiebeln und Möhrchen ragen.

In dem gemeinschaftlich verwalteten Lokal Ida Nowhere ist heute Abholtag für die Mitglieder von zwei landwirtschaftlichen Solidargemeinschaften, namentlich für die Sterngarten Odyssee und Basta.

Ernte zum Teilen

Um die hundert Leute holen hier ihr Gemüse und ihr Obst ab, in der Erntesaison jede Woche, außerhalb der Saison trifft man sich alle zwei Wochen.
Ein paar Mitglieder von Basta haben wie immer an den Abholtagen einen Teil der neuen Ernte zu einem veganen Gericht als gemeinschaftliches Abendessen verarbeitet, das sie auf Spendenbasis allen Abholern anbieten. Heute ist es ein Eintopf geworden, denn an diesem Tag haben die Bauern vor allem Wurzelgemüse gebracht.

Lorenz Taus, 36, groß und bärtig, stellt sein Fahrrad vor dem Lokal ab, begrüßt jene, die auf den Bänken sitzen mit: »Haut nicht ab, wir trinken gleich ein Bier zusammen« und geht hinein, vorbei an der selbst gezimmerten Theke, hinunter in den Keller, an dem selbst gemalten Schild mit der Aufschrift »Basta« entlang, in den hintersten Raum. Dort stehen zehn grüne Plastikkisten, gefüllt mit Lauchzwiebeln, lustig geformten Möhren, Roter Bete, Kartoffeln, Poree, Petersilie, Pastinaken, Eiern.

Eine junge Frau in Latzhose und mit blonden Haaren packt gerade mit ihrem Sohn Kartoffeln in einen Plastikbehälter, den sie anschließend auf eine elektronische Waage stellt. »Hey, wie geht's?«, ruft Lorenz fröhlich und wendet sich einem großen Zettel zu, der an der Wand hängt, und wo sich alle Abholer eintragen. Während die Frau ihre Portionen auf einer Waage abwiegt – drei Kilogramm Karotten, zwei Kilogramm Pastinaken, fünf Knollen Rote Bete, 250 Gramm Petersilie, zwei Poreestangen, ein Kilogramm Lauchzwiebeln –, unterhalten sich die beiden über die zurückliegende Woche.

Seit fünf Jahren ist der Elektroingenieur Mitglied der Sterngarten Odyssee. Seitdem kauft er kaum noch Gemüse im Supermarkt. Was er von den drei Bauern bekommt, deckt seinen Bedarf meist fast vollständig.

Nachdem auch Lorenz seinen Ernteanteil abgewogen hat, holt er sich an der Theke einen

Die Mitglieder von Sterngarten Odyssee und Basta wiegen sich ihren Ernteanteil selbstständig ab und tragen sich in eine Liste ein.

Teller Eintopf und ein Bier, er setzt sich nach draußen in die Abendsonne. Dort plaudert gerade Simon, der Gründer von Sterngarten Odyssee, mit ein paar Mitgliedern über die aktuelle Ernte, die dank des warmen Wetters und des moderaten Regens gut läuft. Simon ist auch einer der drei Bauern, die die Gemeinschaft beliefern, von seinen Obsthainen stammen die Apfel- und Birnensäfte, von denen die Mitglieder jeden Monat sechs Flaschen bekommen.

Ein Raum für alle

Um kurz vor zehn Uhr ist vor dem Lokal kaum noch was los, die Abholzeit ist gleich vorbei. Lorenz ist heute an der Reihe, den Keller sauber zu machen. Unten räumt er das übrig gebliebene Obst in einen Pappkarton, ein Mitglied ist heute nicht zum Abholen gekommen, er wird alles in die Ecke des Ladens stellen. Dort kann jeder die Dinge deponieren, die man verschenken möchte.

Lorenz klappt die grünen Plastikkisten zusammen und stapelt sie in einer Ecke, fegt den Boden. Am nächsten Mittwoch wird der Angestellte der Gemeinschaft die Kisten abholen, bevor er mit seinem Laster aufs Land fährt, um die neue Ernte einzufahren.

Auf der Suche nach einer SoLaWi in eurer Nähe? Mehr unter: www.solidarische-landwirtschaft.org

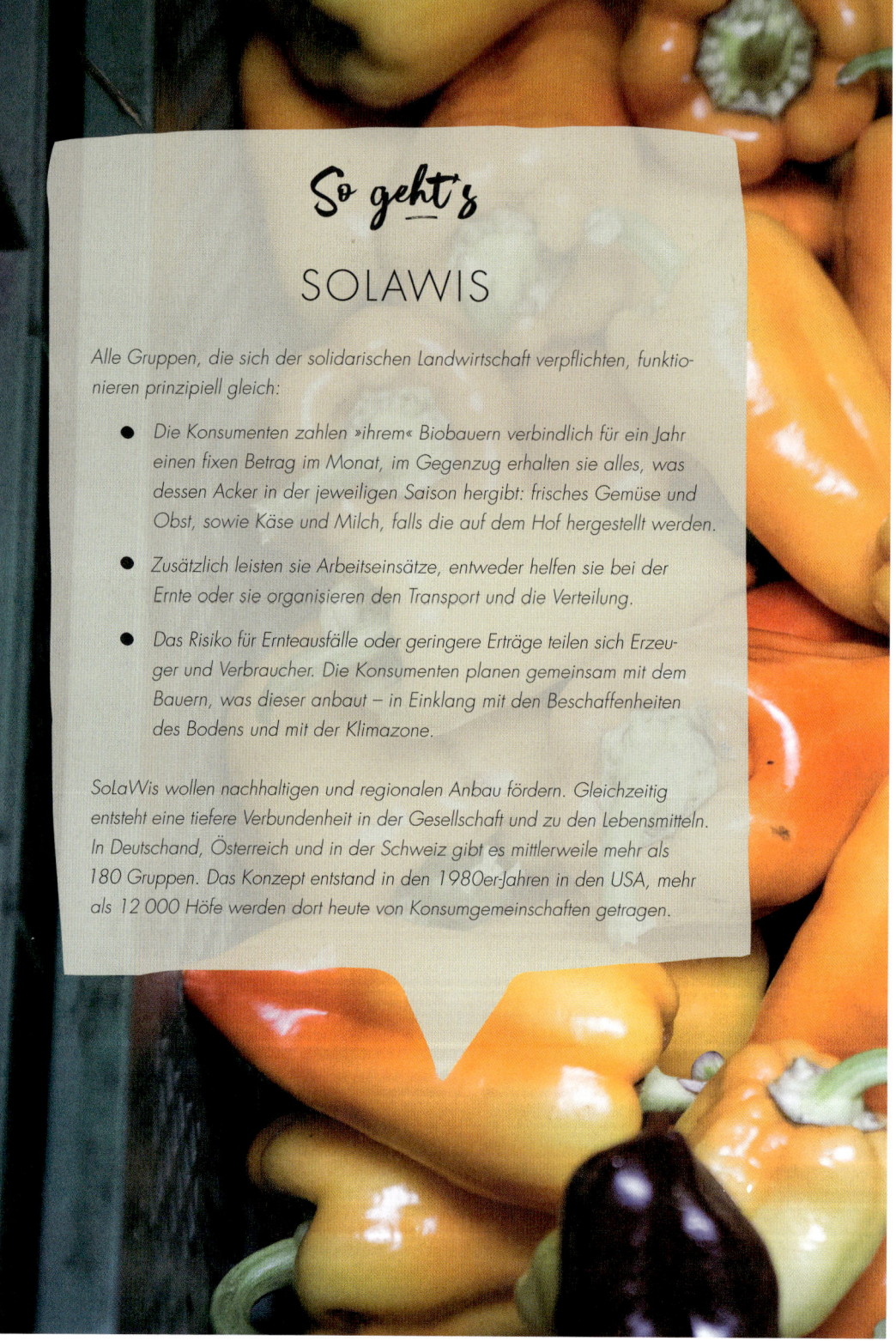

So geht's

SOLAWIS

Alle Gruppen, die sich der solidarischen Landwirtschaft verpflichten, funktionieren prinzipiell gleich:

- Die Konsumenten zahlen »ihrem« Biobauern verbindlich für ein Jahr einen fixen Betrag im Monat, im Gegenzug erhalten sie alles, was dessen Acker in der jeweiligen Saison hergibt: frisches Gemüse und Obst, sowie Käse und Milch, falls die auf dem Hof hergestellt werden.

- Zusätzlich leisten sie Arbeitseinsätze, entweder helfen sie bei der Ernte oder sie organisieren den Transport und die Verteilung.

- Das Risiko für Ernteausfälle oder geringere Erträge teilen sich Erzeuger und Verbraucher. Die Konsumenten planen gemeinsam mit dem Bauern, was dieser anbaut – in Einklang mit den Beschaffenheiten des Bodens und mit der Klimazone.

SoLaWis wollen nachhaltigen und regionalen Anbau fördern. Gleichzeitig entsteht eine tiefere Verbundenheit in der Gesellschaft und zu den Lebensmitteln. In Deutschand, Österreich und in der Schweiz gibt es mittlerweile mehr als 180 Gruppen. Das Konzept entstand in den 1980er-Jahren in den USA, mehr als 12 000 Höfe werden dort heute von Konsumgemeinschaften getragen.

... LEBENSMITTELRESTEN

Unser Lebensmittelsystem hat ein gewaltiges Problem: Ein Drittel (!) der weltweit produzierten Lebensmittel landen unangetastet im Müll. Das muss man sich mal vorstellen: Pro Jahr wird Obst und Gemüse auf einer Fläche so groß wie ganz Australien angebaut – und nie konsumiert! Die Gründe sind vielfältig: zu kleine oder zu große Kartoffeln, zu krumme Karotten bleiben gleich auf dem Feld und werden wieder untergepflügt. Aus rein ästhetischen Gründen sind sie einfach nicht so gut verkäuflich.

Mindestens haltbar ist noch gut

Und das Mindesthaltbarkeitsdatum heißt lediglich, dass die Hersteller bis zu diesem Zeitpunkt garantieren, dass das Produkt in all seinen ursprünglichen Qualitäten noch unverändert ist. Es heißt allerdings nicht, dass es ab diesem Datum umgehend hochgiftig, ja sogar tödlich ist! Joghurts kann man beispielsweise locker noch ein paar Wochen nach Ablauf dieses Mindesthaltbarkeitsdatums genießen. Vom Probieren einer kleinen Portion eines vielleicht dann doch verdorbenen Joghurts ist noch niemand gestorben. Aber bitte nicht einfach nur aufs Datum auf der Verpackung verlassen.

Mein Lieblingsbeispiel ist ja der Witz mit dem Himalajasalz. »Millionen Jahre lang war's im Stein, und so ein Glück, ich habe noch zwei Monate, bis es abläuft!« Da sollte einem dann endlich einleuchten, dass diese Sache mit dem Haltbarkeitsdatum vielleicht doch etwas unlogisch ist, oder?

Eine informelle Umfrage von Greenpeace nach jenen Produkten, die in Haushalten am häufigsten übrig bleiben und leider weggeworfen werden, ergab ein recht eindeutiges Ergebnis:

- Brot
- gekochte Nudeln
- der berühmte halbe Becher Schlagsahne oder Sauerrahm
- Gemüse, das nur in zu großen Verpackungen verkauft wird

Anstatt diese Lebensmittel wegzuwerfen, kann man sie wunderbar weiterverarbeiten und daraus neue Gerichte zaubern. Übrigens: Gute Menüplanung ist die beste Möglichkeit, Essensreste zu vermeiden. Also am besten immer eine Einkaufsliste schreiben! So landen nur die benötigten Sachen im Korb (und praktischerweise auch weniger Junk-Food). Wenn dann doch noch etwas im Kühlschrank vor sich hin wartet: Fast alles lässt sich verwerten.

Aus Huhn- und Rinderkarkassen oder Fischresten lassen sich Suppen oder Fonds machen. Der Legende zufolge sind die köstlichen Pastasaucen aus Italien aus eben dieser Resteküche entstanden: Bratenreste wurden mit Tomaten und Rotwein verkocht, aus Gemüseresten wurde Gemüsesugo gemacht.

Wenn im Folgenden nicht anders angegeben, werden jeweils 4 Personen satt.

Nunu Kaller

Scheiterhaufen

ZUTATEN

500 ml Milch
4 Eier
80 g brauner Rohrohrzucker
Salz
1 Pkg Vanillezucker
250 g (4–5 Stück) altbackene Brötchen
3 EL Rosinen (nach Belieben)
2 EL Rum (nach Belieben)
5 Äpfel
Butter für die Form
etwa 1 TL gemahlener Zimt

In einer Schüssel die Milch, Eier, den Zucker, Vanillezucker und das Salz verrühren, beiseitestellen. Die Brötchen in schmale Scheiben schneiden. Die Rosinen in einer Mischung aus Wasser und Rum einige Minuten einweichen. Die Äpfel schälen, vom Kerngehäuse befreien und in feine Scheiben schneiden.

Eine Auflaufform ausbuttern. Die Äpfel und die Rosinen vermischen, mit Zimt würzen. Die Brötchenscheiben in die Eier-Milch-Mischung eintauchen. Nun Apfel- und Brötchenscheibe abwechselnd in die Auflaufform schichten. Die restliche Eier-Milch-Mischung darübergießen. Den Scheiterhaufen 40 Minuten im auf 200°C (Ober-/Unterhitze) vorgeheizten Backofen backen.

Semmelknödel

ZUTATEN

5 altbackene
Brötchen
Salz
200 ml
lauwarme Milch
1 Zwiebel
Pflanzenöl
gehackte Kräuter
1–2 Eier
(je nach Größe)

Die Brötchenreste in sehr kleine Würfel schneiden, diese in einer Schüssel salzen, mit der Milch übergießen und etwa 15 Minuten ziehen lassen. Währenddessen die Zwiebeln schälen und fein würfeln.

In einer Pfanne das Öl erhitzen, Zwiebeln und Kräuter darin glasig dünsten. Dann kurz abkühlen lassen.

Die Brötchenwürfel, die Kräuter-Zwiebel-Mischung und die Eier mit den Händen verkneten. Den Teig etwa 15 Minuten ruhen lassen. In einem Topf reichlich gesalzenes Wasser sprudelnd aufkochen, dann die Temperatur herunterregeln. Währenddessen die Knödel formen und mithilfe eines Esslöffels in das Wasser gleiten lassen. Etwa 15 Minuten garziehen lassen.

GEKOCHTE NUDELN +
EI + KÄSE ERGIBT ...
KÖSTLICHE FRITTATA!

Frittata

ZUTATEN

2 Knoblauchzehen
1 kleine Zwiebel
2 Stängel
frische Minze
50 g Schafskäse
Olivenöl
für die Pfanne
150 g gekochte
Nudeln
100 g Erbsen,
TK-Ware
Salz
frisch gemahlener
schwarzer Pfeffer
4 Eier

Den Knoblauch und die Zwiebel schälen, beides klein schneiden. Die Minze grob hacken. Den Schafskäse würfeln.

In einer ofenfesten Pfanne das Olivenöl erhitzen, die Zwiebel und den Knoblauch darin andünsten. Die gekochten Nudeln und die Erbsen dazugeben, kurz anbraten. Das Ganze mit Salz und Pfeffer abschmecken.

In einer Schüssel die Eier verquirlen, salzen und pfeffern, dann die Eiermasse in die Pfanne gießen. Die Minze und die Schafskäsewürfel darüberstreuen.
Die Pfanne in den auf 180°C (Ober-/Unterhitze) vorgeheizten Backofen stellen und die Frittata 10 Minuten stocken lassen. Dazu schmeckt grüner Salat.

Brokkolicremesuppe

ZUTATEN

400 g Brokkoli oder
anderes Gemüse wie
Pastinaken, Kartoffeln
…
4 TL Instant-
Gemüsebrühe
150–200 ml
Sauerrahm oder
Schlagsahne
Salz
frisch gemahlener
schwarzer Pfeffer

Den Brokkoli in Röschen teilen, den Strunk ebenfalls verwerten (großzügig schälen). Das Gemüse in einen Topf geben und etwa 1 l Wasser angießen, sodass der Brokkoli davon bedeckt ist. Die Instant-Gemüsebrühe einrühren und das Ganze 15–20 Minuten zugedeckt köcheln lassen.

Anschließend die Suppe mit dem Stabmixer pürieren und die Schlagsahne oder den Sauerrahm unterrühren. Nach Belieben mit Salz und auf jeden Fall mit Pfeffer abschmecken.

1 KILOGRAMM KAROTTEN? ZUM GLÜCK GIBT´S KAROTTENKUCHEN!

Karottenkuchen

ZUTATEN

250 g Karotten
4 Eier
150 g feiner
brauner Rohrohrzucker
250 g gemahlene
Nusskerne
100 g Mehl,
Type 405
1 TL Backpulver
Butter für die
Kuchenform

Die Karotten mittelfein raspeln, beiseitestellen. Die Eier trennen.
In einer Schüssel das Eigelb gemeinsam mit dem Zucker schaumig rühren. Nach und nach die geraspelten Karotten, die gemahlenen Nüsse, das Mehl und das Backpulver dazugeben, dabei immer weiter rühren. In einer separaten Schüssel, am besten aus Edelstahl, das Eiweiß steif schlagen und unter die Teigmasse heben.

Eine Kuchenform ausbuttern und den Teig hineingeben. Den Kuchen im auf 180°C (Ober-/Unterhitze) vorgeheizten Backofen etwa 30 Minuten backen. Zur Garprobe mittig ein Holzstäbchen hineinstecken: Kommt es ohne Teigreste wieder heraus, ist der Kuchen fertig.

#2

Fashion

Zeige allen, wer du bist:
Jeder einzelne (Mode-)Kauf (oder -Tausch)
kann die Welt verändern.
Heute keine Lust auf Weltrettung?
Dann einfach nur die Swap Party genießen!

ANZIEHEN FÜR DIE ZUKUNFT

Mit unseren Klamotten wollen wir so einiges: Uns schmücken, auffallen. Zeigen, wer wir sind. Und natürlich wollen wir uns darin auch einfach wohlfühlen. Wie sehr sich unser Geschmack mit Alter und Zeitgeist wandelt, finde ich immer wieder erstaunlich. Mit Gruseln schaue ich heute auf alte Fotos und die Baggypants meiner Jugend in den Neunzigerjahren. Oder auf die Schulterpolster und die Vokuhila meiner Mutter aus den Achtzigerjahren! Aber wer weiß: Vielleicht laufe ich selbst bald wieder so rum? In ihren neonfarbenen Jane-Fonda-Aerobic-Outfits aus den Neunzigern fühle ich mich schon pudelwohl. Und in den Berliner Straßen flanieren immer häufiger Schulterpolster vor mir her …

Textilsünden

Unsere Kleidung soll also ein Teil von uns sein. Doch ausgerechnet das, was wir tragen, macht die Welt in den allermeisten Fällen schlechter. In der Modebranche finden sich einige der schlimmsten Umweltsünder. Textilien

können auf ihrem gesamten Lebensweg die Umwelt angreifen: von der Rohstoffgewinnung (etwa gentechnisch gesteuerter Anbau von Baumwolle), Herstellung synthetischer Fasern (Polyesterherstellung benötigt Erdöl), Transport über die eigentliche Produktion (Trocknungsanlagen), den Gebrauch (und die Säuberung) bis hin zur Entsorgung.

Die Branche ist außerdem eine Wegwerfindustrie. Allein jede/r Deutsche kauft im Schnitt 12 Kilogramm Kleidungsstücke pro Jahr laut Umweltbundesamt – mal ehrlich, wer zieht alles aus seinem Kleiderschrank an? Und richtig: Fast die Hälfte unserer Käufe tragen wir selten oder nie. Das Tempo, in dem produziert und verkauft wird, ist dementsprechend hoch und es beschleunigt sich weiter. Jährlich werden derzeit hundert Milliarden neue Kleidungsstücke produziert. Und bis 2050 will die Branche um weitere 60 Prozent wachsen.

Fast zwei Drittel aller Hosen, T-Shirts oder Röcke werden außerdem in Asien hergestellt. In Ländern also, wo die Löhne niedrig sind,

UPCYCLING

DIE JUGEND BRINGT DIE WENDE:
80 % DER 15- BIS 24-JÄHRIGEN STEHEN *Nachhaltigkeit* POSITIV GEGENÜBER.

Plastik:
MASSENPRODUKTION SEIT DEN 1950ER-JAHREN, BIS 2050 ETWA **12 Mrd. Tonnen Plastikmüll** AUF DER ERDE. HEUTE: PLASTIKMÜLLBERGE SO SCHWER WIE **80 Mio. Blauwale.**

IN DEUTSCHLAND FALLEN ETWA **1,3 Mio.** TONNEN JÄHRLICH AN *Kleidungsabfällen* AN.

FAIR ?!

ALLEIN DIE VERLÄNGERUNG DER LEBENSDAUER UNSERER KLEIDUNG VON EINEM AUF ZWEI JAHRE WÜRDE DIE CO_2-EMISSIONEN UM **24 %** REDUZIEREN.

IN DER REGEL BLEIBEN BEI DER HERSTELLUNG EINES KLEIDUNGSSTÜCKS **25 bis 45 %** DES STOFFES ÜBRIG – HIER GREIFEN UPCYCLING-DESIGNER ZU!

>>Jede/r Deutsche kauft jährlich
12 Kilogramm Klamotten –
wer zieht das an?<<

die Umweltauflagen, wenn überhaupt vorhanden, lax und die Arbeitsstandards flexibel auslegbar. Dass ein Wandel sehr wohl möglich ist, hat ausgerechnet ein schrecklicher Unfall gezeigt. Als im April 2013 in Bangladesch die achtstöckige Textilfabrik Rana Plaza einstürzte und 1136 Textilarbeiter(innen) starben, war die weltweite Anteilnahme riesig. Überall empörte man sich über die Arbeitsbedingungen in Asien. Denn in besagter Fabrik wurde ausgerechnet Markenkleidung für den Westen produziert, etwa für Benetton und Mango. Kundinnen in Europa und in den USA protestierten, die internationalen Modefirmen forderten in Folge höhere Standards in den Produktionsstätten von ihren asiatischen Partnern, europäische Politiker versprachen neue Regeln, mehr Kontrolle. Und tatsächlich passierte etwas: Der Mindestlohn in Bangladesch wurde von 40 auf 70 US-Dollar im Monat erhöht, internationale Bündnisse aus Industrie und Politik versprachen, die Arbeitsbedingungen regelmäßig zu überprüfen. Bloß: Das ist immer noch viel zu wenig.

Globales Ungleichgewicht

Kein asiatisches Land wagt es schließlich, wirklich angemessene Sicherheitsstandards und Mindestlöhne durchzusetzen, aus berechtigter Angst, die Moderiesen damit zu vergraulen. Trotz aller medienwirksamer Bekenntnisse schaut die Wirtschaft ja doch immer noch vor allem auf die Kosten. In Bangladesch erwirtschaftet der Textilsektor zum Beispiel 20 Prozent des Bruttoinlandsprodukts, stellt 80 Prozent aller Exporte. Durch die Textilindustrie ist die Armut seit den 1990er-Jahren praktisch um ein Drittel geschrumpft. Die Zahlen sind dabei alles; wie es den Menschen selbst dabei geht, spielt keine Rolle.

Die »große Politik« hat bislang trotz aller öffentlicher Empörung noch nichts ausgerichtet gegen diesen Missstand. Wir »kleinen Leute« müssen jedoch nicht resignieren. Im Gegenteil. Wir alle gemeinsam können sogar so einiges tun.

Ob Glitzerfummel oder Basicteil: Beim Kleidertausch wird wirklich Jede/r fündig. Und tut dabei Gutes für Portemonnaie und Umwelt!

Mach_was!

SCHNELL LOSLEGEN –
MIT SLOW FASHION

Am Anfang steht die Erkenntnis: Jede Kauf-entscheidung zählt. Günstige Preise sind und bleiben das wichtigste Verkaufsargument, wenn Kunden am liebsten so billig wie mög-lich einkaufen. Dann werden auch die Stan-dards in den Fabriken niedrig bleiben. Wir selbst könnten mit unserem Konsumverhalten also etwas bewirken. Alternativen jedenfalls gibt es genug; es werden auch immer mehr.

Vintagemode ist seit Jahren das total ange-sagte Symbol der Slow Fashion. Sie ist der simpelste und effektivste Gegentrend zur »schmutzigen« Mode, sie steht für den stil- und lustvollen Boykott.

Spaß beim Rauschtausch

Auf Flohmärkten und in Vintageläden nach Blousonjacken, Blümchenkleidern & Co. zu stöbern ist der altbewährte Weg. Noch mehr Spaß versprechen Kleidertauschtreffen (Swap Partys). Die gibt's in Cafés, Nachbarschafts-treffs, bei der Kirche oder einfach bei dir zu Hause. Bei mir vergeht kaum ein Vierteljahr, in dem nicht einer meiner Freunde zum Kla-mottentausch einlädt. Auf der Facebookpage Kleidertausch finden sich weitere Events. www.facebook.com/kleidertausch.de

> Weiterlesen auf Seite 60

Meine Freunde und ich sind längst nicht die Einzigen. In Berlin kann man fast jede Woche irgendwo Klamotten tauschen, in den vielen anderen Städten mindestens einmal im Mo-nat. In vielen Kiezkneipen und bei Vereinen gibt es außerdem »Umsonst«-Ecken, wo man jeden Tag Ausrangiertes abgeben und finden kann. Das Motto: Kleidung soll zirkulieren und Freude bereiten.

Flohmarkt im Netz

Natürlich kann man auch bequem im Netz den Modezirkus boykottieren. Über Apps (zum Beispiel Swapper) kann man seine ausrangierten Klamotten in der Nachbarschaft verteilen. Die Macher von www.kleiderkreisel. de haben das Prinzip »Flohmarkt« auf globaler Ebene digitalisiert. Die Geschichte begann im Jahr 2008, als Milda umziehen wollte, ihre Klamotten sprengten aber den Rahmen. Ihr Freund Justas kreierte daraufhin eine Website, über die Milda ihre Sachen an Freunde weitergeben konnte. Mittlerweile verschenken und verkaufen 21 Millionen Menschen in ganz Europa über *www.kleiderkreisel.de* ihre alten Lieblingsteile.

Eine Art Bücherei für Klamotten haben die Gründerinnen der Kölner Kleiderei und der Stuttgarter Temporary Wardrobe entwickelt. Wer mag, kann sich dort sogar jeden Monat ein Paket schnüren lassen mit neuen alten Teilen.
www.kleiderei.com
> *Weiterlesen auf Seite 64*

>>Analoges >Swappen<:
Neue Leute kennenlernen –
nicht nur neue Mode!<<

Homestory
BEIM KLEIDERTAUSCH

Es ist Frühling, die Temperatur steigt und mein Kleiderschrank quillt über vor Kleidchen, Blusen und Röcken. Und trotzdem habe ich das Gefühl, nicht das Richtige zum Anziehen zu haben. Wieder mal. Im Schrank hängen nämlich vor allem Teile, die ich schön finde, aber doch nie anziehe – klassische Fehlkäufe – und Klamotten, die ich schon so oft getragen habe, dass ich mich nicht mehr damit sehen kann.

Schrankhüter nerven!

Glücklicherweise leide ich nicht als Einzige unter dem Paradox aus überquellendem Schrank und mangelnder Auswahl. Sehr viele andere Frauen kennen das Phänomen und einige davon sind glücklicherweise meine Freundinnen. Alle paar Monate organisiert deshalb irgendwer in meinem Bekanntenkreis eine Kleidertauschparty, meist im Frühling und im Herbst, wenn die neue Saison also ansteht. Und wenn der Blick auf die alten Schrankhüter aufs Neue nervt.

An diesem Abend laden meine modebewussten Freundinnen ins Ladenlokal Gelegenheiten in Berlin-Neukölln. Normalerweise treffen sich junge Leute zu Ausstellungen und experimentellen Filmabenden, ich erwarte also ausgefallene Klamotten. Mein Moment für einen besonders kritischen Blick in den Schrank ist

deshalb gekommen. Eigentlich will ich die Ein-Jahr-nicht-getragen-Regel endlich mal strikt anwenden. Nur: Meine Freundinnen haben ein Limit gesetzt, maximal zehn Teile darf ich mitbringen. Die Obergrenze ist durchaus sinnvoll. Mich bremst beim Aussortieren aber sowieso wieder mal die Nostalgie. Mein sentimentales Ich quengelt. Und mein pragmatisches kontert, meist erfolglos.

Gelegenheitsmode

Wer kennt sie nicht, das Engelchen und das Teufelchen, die beim Ausmisten einen grandiosen Auftritt hinlegen?

»In letzter Zeit hatte ich einfach keine Gelegenheit, den regenbogenfarbenen Pullover mit den Fledermausärmeln aus meiner Jugend zu tragen.« – »Wenn die seit sechs Jahren auf sich warten lässt, wird sie auch nicht mehr kommen.« – »Auf der nächsten Party ziehe ich ihn an.« – »Glaubst du doch selber nicht.« Über eine Stunde dauert es, bis ich meinem Schrank zehn Teile abgerungen habe.

Als ich im Gelegenheiten ankomme, verteilen vier Frauen Seidenblusen, Sommerkleidchen und Glockenröcke auf Kleiderbügeln und hängen sie an Schnüre, die sich quer durch die zwei Räume des Lokals ziehen und die schon gut bestückt sind. Auf zwei durchgesessenen

Ledersofas beobachten ein paar Frauen und ein einsamer Mann die Neuankömmlinge und ihre Schätze interessiert. Nicht selten verschwinden sie dann im Hinterzimmer, denn dort steht eine provisorische Umkleidekabine, gebaut aus einem Bettlaken und zwei Spiegeln.

Auch meine Fehlkäufe und alten Lieblingsteile stehen sofort unter intensiver Beobachtung. Der regenbogenfarbene Fledermausärmelpulli findet innerhalb von Minuten eine neue Besitzerin. Mein nostalgisches Ich schweigt. Erstaunlicherweise. Aber es fühlt sich wirklich einfach nur großartig an, dass das alte Lieblingsteil eine geliebte Zukunft erwartet. Ich denke: »Vielleicht muss man sein Glück einfach teilen, um es zu multiplizieren?«

Ich hole mir ein Gläschen Wein und mache es mir auf der Ledercouch bequem, beobachte. Mit Genugtuung verfolge ich, wie meine anderen Teile auch in Taschen verschwinden. In meinem Rucksack landen nach und nach zwei neue Blusen, ein geblümtes Sommerkleid, ein kurzer pinkfarbener Pulli. Das muss für heute reichen, sage ich mir. Schließlich will ich meinen Schrank entlasten, mehr Lieblingsteile, weniger Vielleicht-zieh-ich-das-irgendwann-doch-mal-an-Sachen.

Die Schnüre leeren sich mit fortgeschrittenem Abend, auf den Tischchen neben den Sofas bilden sich Wühltische. Und auch das Interesse der anderen Anwesenden wechselt von Klamotten wieder zu anspruchsvolleren Themen. Bis zur nächsten Kleidertauschparty!

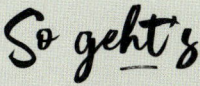

So geht's

DER PERFEKTE KLEIDERTAUSCH

In Berlin finden solche öffentlichen Kleidertauschpartys beinahe wöchentlich statt. In München etwa engagiert sich Green City für eine sinnvolle Weiterverwendung der Schrankhüter. Sie spenden die übrig gebliebenen Teile an die Diakonie. Am besten solltet ihr euch immer optimal vorbereitet auf die Stoffmassen stürzen!

- **für dich:** Leggings und Unterhemd anziehen – dann muss man nicht auf die (improvisierte) Umkleidekabine warten und kann vor jedem Spiegel anprobieren.

- **für deine Ware:** Aufgehängt sehen Klamotten viel attraktiver aus, auf Wühltischen finden nur Hardcore-Schnäppchenjäger etwas.

- **für das Event:** Eine Obergrenze für Teile pro Teilnehmer ist ein Muss – sonst bringen viele kaputte und aus der Mode geratene Klamotten mit. Oder ihr habt im Hintergrund ein Team, das die restlichen Klamotten aussortiert und noch brauchbare Teile zum Spenden. Für reichlich Zulauf das Event auch auf der Facebookpage »Kleidertausch« posten.

- **für die Location:** Manche Cafés organisieren solche Kleidertausch-Events selbst, sie freuen sich über neue Kundschaft und die Möglichkeit, bekannter zu werden. Vielleicht fragst du auch einfach beim Nachbarschaftstreff mal an; es gibt ständig Leute, die »immer schon mal so was« machen wollten.

Portrait

BILLIGE MODE KANN
NUR SCHLECHT SEIN ...
LASS UNS ETWAS
DAGEGEN TUN!

Während ihrer Ausbildung zur Bekleidungstechnischen Assistentin sollte Thekla Wilkening eine Bluse herstellen, den kompletten Arbeitsgang musste sie allein durchlaufen. Sie zeichnete, kalkulierte, kaufte Materialien, nähte. Fast ein halbes Jahr lang.

»Wie konnte so ein aufwendiges Kleidungsstück im Laden nur um die 20 Euro kosten?«, fragte sie sich währenddessen immer wieder. Selbst wenn 100 000 Stück davon produziert würden, rechnete sich das nie im Leben! Ihre Dozenten hatten dazu keine befriedigende Antwort. Die Mehrheit ihrer Mitschüler interessierte die Frage zu ihrem Erstaunen überhaupt nicht.

Mode ohne Menschenwürde

Spätestens jetzt ahnte Thekla, dass in ihrer Branche etwas ganz grundsätzlich schieflief. Als modebewusste Konsumkritikerin und kritische Modemacherin beschlich sie nun beim privaten Shoppen ein ungutes Gefühl. Immer häufiger suchte sie Klamotten auf Flohmärkten und in Secondhandläden, tauschte mit Freundinnen.

Mit dem Einsturz der Fabrik in Bangladesch war es nicht mehr zu leugnen: Die günstigen Preise gingen auf Kosten der Näherinnen in Asien. Thekla beschloss: »Mit der menschen-

verachtenden Dynamik der Modewelt will ich nichts zu tun haben. Niemand soll sein Leben riskieren, damit ich schön aussehe!« Theklas Empörung ist heute noch genauso groß wie damals. Sie kapierte damals auch: Alles, was sie tut, jeder Einkauf, hat Auswirkungen auf die Gesellschaft, auf die Zukunft, auf die gesamte Welt.

Auf zur Revolution!

Danach gab es kein Zurück mehr. Sie, die nach der Ausbildung in Hamburg Bekleidung – Technik & Management studiert hatte, die also zur Branche gehörte, wollte eine Revolution. Mindestens aber musste sie einen Beitrag leisten, um die Modewelt wieder zur Vernunft zu bringen. Eleganz UND Ethik mussten vereinbar sein.

Kurz nach ihrem Erweckungserlebnis las Thekla, dass wir die meisten unserer Klamotten nur sieben- bis zehnmal tragen. Sie fragte sich: Wieso kaufen wir eigentlich noch unsere Kleider? Wieso leihen wir sie nicht? Eines Abends kam sie mit ihrer Schulfreundin Pola Fendel

darauf und beim Weintrinken malten sie sich gemeinsam aus, wie so eine Kleider-Bücherei funktionieren könnte. Ein paar Monate später gründeten sie das Start-up Kleiderei.

Zunächst sammelten sie Kleidungsstücke und Accessoires, das allermeiste aus den Kollektionen nachhaltiger Designer, vieles auch von Flohmärkten und aus Secondhandläden. Als sie ein paar Hundert Stück zusammen hatten, eröffneten sie in Hamburg die erste Kleiderei, einen Laden, wo frau ein Teil auf bestimmte Zeit mieten kann. Seitdem wächst der Bestand. Die beiden bekommen von nachhaltigen Modemarken Teile zur Verfügung gestellt,

> » Niemand soll sein Leben riskieren, damit ich schön aussehe! «

viele begeisterte Kundinnen vermachen der Kleiderei ausrangierte Lieblingsstücke. Gerade hängen im Lager von Thekla und Pola mehr als 6000 Teile. Sie bieten auch ein Rundum-Sorglos-Paket im Abo an, individuell zusammengestellte Stücke für 50 Euro monatlich. Die umweltfreundliche Reinigung gibt's kostenlos dazu. Im Winter 2014 begannen die beiden, ihre Kollektion auch übers Internet zu verleihen. 2018 stellen sie den Onlineversand vorläufig ein: »Die Nachfrage ist überwältigend, wir müssen schauen, wie wir das unternehmerisch abbilden können, am besten einen Partner finden. Alleine schaffen wir das nicht mehr«, sagt Thekla. Die Kleiderei in Köln hat weiterhin geöffnet.

Arbeiten & Gutes tun

Die Zukunft des Start-ups war allerdings längst nicht gesichert, was den beiden Gründerinnen oft schlaflose Nächte bescherte. Komplett aufzuhören aber war nie eine Option. »Unsere Arbeit kompensiert jede durchwachte Nacht«, sagt Thekla. »Denn wir tun was gegen die großen Probleme unserer Zeit, gegen die Ausbeutung der Südhalbkugel, gegen den Klimawandel, für ein gerechteres und nachhaltigeres Zusammenleben auf der Erde.«

Faire Trendsetter

Die Marke Kleiderei ist längst mehr als ein Klamottenverleih. Die Gründerinnen haben sich kein geringeres Ziel gesteckt als faire Mode zum deutschlandweiten Trend zu machen. Sie wollen dafür sorgen, dass faire Klamotten mehr sind als ein politisches Statement. Sie wollen sie sichtbar machen. Beim Shoppen schauen eben auch die, die eigentlich bewusst und informiert kaufen wollen, doch vor allem nach dem neuesten Trend. Und Trends funktionieren am besten visuell, Mode muss gesehen werden, muss Begehren

auslösen. »Wenn Fair Fashion nicht zu sehen ist, wird sie nicht gekauft. Dann macht die Branche keine Gewinne – und wird sich niemals durchsetzen«, sagt Thekla.

Bisher steht bei den fairen Labels allerdings die nachhaltige Produktion im Vordergrund. Die größten Investitionen betreffen hierbei die Herstell- und Lieferkette, damit die Nachhaltigkeit garantiert ist. Das Marketingbudget fällt dabei leider unter den Tisch.

Thekla suchte also nach einem einfachen, günstigen und wirksamen Instrument, um alternative Labels bekannter zu machen. Bei Instagram wurde sie fündig. Nachhaltige Mode

kam in diesem »Pool der Trendsetter« bis vor Kurzem so gut wie gar nicht vor. Thekla und Pola bringen sich also ein und einige wichtige Influencer mit grünen Marken zusammen, zum Beispiel auf der nachhaltigen Modemesse NEONYT. Hunderte Bloggerinnen posten mittlerweile regelmäßig Selfies mit Ökoteilen.

Dass diese Art von Aufmerksamkeit ihre Früchte trägt, können auch Modebloggerinnen bestätigen. Es gibt einige, die von Shopaholics zu bewussten Slow-Fashionistas werden. Besonders nach dem Einsturz der Textilfabrik in Bangladesch und dem Einzug der Billigmarke Primark in Deutschland setzten sich viele vermehrt mit fairer Mode auseinander. Green Influencing auf allen Social-Media-Kanälen trägt dabei viel zur Aufklärung bei.

Ideensharing

Die Ursprungsidee der Kleiderei-Macherinnen expandiert auch anderweitig. Vor Kurzem hat sich ein großer Player der Industrie an Thekla und Pola gewandt. Die Firma will Kinder- und Umstandsmode nach dem Prinzip der Kleiderei verleihen, die beiden sollen die Firma beraten.

»Ich bin stolz«, sagt Thekla. »Wir stehen jetzt an der Spitze einer Bewegung, die die Branche revolutioniert.«

So geht's

KLEIDERZIRKEL

Wäre es nicht cool, wenn es eine Art Bibliothek für Kleider gäbe? Genau das dachten sich auch Thekla Wilkening und Pola Fendel. Das Konzept lässt sich zu einem gewissen Grad auch mit modeaffinen Freundinnen im kleineren Kreis durchsetzen. Wichtig ist nicht unbedingt ein ähnlicher Geschmack, sondern eher gleiche Größe und ob ihr euch auf dieselben Prinzipien (Verleihdauer, Mietgebühr, Materialien, Reinigung etc.) einigen könnt.

- **Grundstock:** Das Beste beim Shoppen ist doch das Stöbern in der Auswahl. Wenn ein Teil nicht ganz zum eigenen Geschmack passt, einfach mit Accessoires geschickt kombinieren.

- **Zirkelware:** Die Kleidung sollte von Produzenten stammen, deren Herstellungs- und Lieferketten auf ökologische Verträglichkeit geprüft wurde. Es geht nicht nur um das Schränklein-wechsel-dich, sondern inbesondere um die Herkunft der Mode!

- **Infrastruktur:** Ökologisch verträgliche Reinigung und Rückgabebedigungen sind wichtige Punkte des »Drumherum«, die außerdem zu bedenken sind.

CARINA BISCHOF

Gründete mit Luise Barsch,
Arianna Nicoletti &
Jonathan Leupert das
Upcyclinglabel aluc,
sie gestalten aus Produkti-
onsresten neue Mode.
Mittlerweile sind Teile der
Kollektion auch über
Manufactum erhältlich.

Lebensmotto:

» *Aus Resten Neues machen.* «

RESTE SIND DAS BESTE

INTERVIEW MIT EINER DER ALUC-GRÜNDERINNEN

Carina Bischof, Luise Barsch, Arianna Nicoletti & Jonathan Leupert kann man wohl zu Recht als die deutschsprachigen Upcyclingpioniere bezeichnen. Seit 2010 nähen sie Herrenhemden aus Stoffresten. Und haben nebenbei in der Branche ein Bewusstsein dafür geschaffen, dass Reste wertvoll sein können, dass überall Ressourcen schlummern.

Alles begann einige Jahre zuvor, Ende der 2000er-Jahre, in London. Upcycling war in England schon en vogue. Einige Labels hatten sich darauf spezialisiert, Textilabfälle in hochwertige Produkt zu verwandeln.

Genau wegen dieser Bewegung zogen die späteren aluc-Gründerinnen nach England, unabhängig voneinander. Alle drei standen am Anfang ihrer Karriere in der Modewelt, sie wollten der Wegwerfmentalität der Branche etwas entgegensetzen. Upcycling klang vielversprechend. Alle drei landeten beim britischen Modelabel From Somewhere. Carina als Assistentin, Arianna und Luise als Praktikantinnen.

Die drei Frauen freundeten sich an und schnell war klar, dass sie in Deutschland etwas Ähnliches starten wollten. Von Anfang an ging es den dreien um mehr als ein Modelabel. Der aluc-Concept-Store in Berlin-Mitte war fünf Jahre lang das Schaufenster der europäischen

Upcyclingbranche. Die Designerinnen verkauften dort nicht nur ihre eigenen Hemden, auch die Kreationen von mehr als 30 Kollegen aus ganz Europa, zum Beispiel Kleider und Röcke aus alten Socken von der österreichischen Designerin Anita Steinwidder. Der von den Macherinnen gegründete Stammtisch »Strich und Faden« ist außerdem Treffpunkt der deutschen Upcyclingbranche. An Schulen und Unis sprechen die aluc-Designerinnen über Nachhaltigkeit in der Modewelt, auf ihren Green-Fashion-Touren führen sie zu fairen Labels in Berlin.

» Wir müssen nicht darauf warten, dass ›die da oben‹ etwas tun. «

versammelten wir alle. Wir holten auch ältere Brands aus anderen europäischen Ländern dazu. Bald waren wir Ansprechpartner für alle Jungdesigner, die in Deutschland, Österreich und der Schweiz Upcycling machen wollten. Auch für viele Kunden war aluc bald Synonym für nachhaltige Mode. Kurz nachdem wir beschlossen hatten, den Laden zu schließen – es gab mittlerweile genug andere Schaufenster für die Branche –, hat uns dann unsere frühere Chefin gefragt, ob wir in Deutschland die Koordination der »Fashion Revolution« übernehmen wollten. Das ist eine weltweite Kampagne für Nachhaltigkeit in der Modebranche, die sie mitorganisierte.

Wie ging es für dich mit Upcycling los?

Schon während des Modestudiums stieß ich auf Upcycling. Sofort hatte ich das Gefühl, dass das mein Weg in der Modebranche sein würde. Ich habe dann trotzdem erst mal bei einem konventionellen Kindermodelabel angefangen. Aus Vernunftsgründen. Nach einem Jahr war ich frustriert und deprimiert. Ich schrieb die Green Labels in London an, erfolglos. Also bin ich einfach hin und habe an deren Türen geklingelt. Ich hatte Glück. Bei From Somewhere suchten sie tatsächlich gerade eine Assistenzdesignerin.

Wie wurdet ihr zu Botschaftern der Upcyclingszene?

Das fing mit unserem Laden an. Kaum hatten wir aluc gestartet, tauchten weitere Upcycling-Modelabels auf. In unserem Store

Wie entwickelt sich Upcycling gerade?

Es gibt immer mehr Labels, die mit Stoffresten und recycelten Materialien arbeiten. Nachhaltige Mode wird langsam, aber sicher Trend. Auch große Häuser wie C&A haben mittlerweile eine »cradle-to-cradle«-Produktlinie im Angebot, bei der man genau nachvollziehen kann, wo etwas wie hergestellt wurde. Ich zum Beispiel kombiniere solche Basics mit Designerstücken – und kleide mich so fast immer vollständig fair. Die Wahrheit ist allerdings auch: Die wahre Revolution stagniert, denn die allermeisten schauen noch immer in erster Linie auf den Preis.

Was muss passieren?

Wir haben gerade einen Verein gegründet, der die Verbraucher direkt anspricht: Future Fashion Forward. Nur wenn Kunden kritisch nachfragen, bewegt sich was. Das haben wir nach dem Unglück in Bangladesch erlebt. Damals haben sehr viele Kunden nachgehakt, unter welchen Umständen ihre Kleidung ei-gentlich produziert wird – und die Firmen haben reagiert. Auch deshalb gibt es heute bei C&A nachhaltige T-Shirts. Natürlich soll auch die Politik handeln. Aber wir müssen nicht darauf warten, dass »die da oben« etwas tun. Wir werden unseren aluc-Store schließen, da der Laden zu viele Neuinvestitionen gefordert hätte. Wir sind aber weiterhin im nachhaltigen Modebereich tätig und mit unserem Verein Future Fashion Forward aktiv.

Wie massentauglich ist Upcycling?

Auf unserem Stammtisch tauschen sich Veteranen und Jungdesigner aus, wo und wie man die besten Textilreste findet, und wie viel ein Upcyclingteil wert sein muss. Wir vermitteln auch Kontakt zu Textilwerken, die Kleiderreste abgeben. Viele Fabriken schicken heute sogar schon Muster ihrer Stoffreste mitsamt Angaben zu vorhandenen Mengen. Upcycling lässt sich also durchaus professionell und in großem Stil angehen.

So geht's

FASHION REVOLUTION

Knapp hundert hippe, durchgestylte Menschen laufen über den Berliner Alexanderplatz, in den Händen halten sie Schilder, darauf steht: »Woher kommt meine Mode?« Ein Flashmob, organisiert von der Kampagne »Fashion Revolution«, Teil des Future Fashion Forward e.V. Wenig später kursieren auf den Social-Media-Kanälen der einschlägigen Modeblogger Fotos der Hippen und der Schilder, getaggt sind die großen Labels. So ins Rampenlicht befördert, antworten die Pressesprecher der Firmen. Meist ausweichend, manchmal aber auch sehr detailliert. Das will die Kampagne.

- Verbraucher ansprechen, ihnen den aktuellen Stand der Produktionsbedingungen im Modebereich bewusst machen.

- Verbraucher sollen so dazu gebracht werden, direkt und in großer Menge bei den Modeproduzenten nachzufragen, woher die Klamotten kommen und unter welchen Umständen sie produziert wurden.

- Die Marken sollen so unter Handlungsdruck geraten, die Arbeits- und Umweltstandards zu verbessern.

der Mode. Sie wollen die Branche von innen heraus umwälzen. Passend auch der Name der Zusammenkunft: Er leitet sich vom altgriechischen neo, also »neu« sowie dem skandinavischen nytt (ebenfalls »neu«) ab.

»Circularity is all about cooperation«, gibt der Schuhrecycler den Zuschauern als bleibendes Motto mit und erklärt, dass sein Business nur funktioniert, weil er so viele Partner in der Branche gefunden hat. Sie helfen bei der Herstellung von Schuhen mit seinem gelieferten Material. Die Frauen im Publikum legen jetzt rasch ihre Smartphones und Tablets beiseite und klatschen so begeistert, als hätte er gerade den heißesten Trend der nächsten Sommersaison präsentiert.

Lässig gestylt und sehr glamourös geschminkt, halten mindestens zehn Frauen ihre iPhones und Tablets im Video-Aufnahme-Modus in die Höhe. Bloß nichts verpassen von dem, was vorn auf der Bühne passiert. Ein indisch-deutscher Modeunternehmer erzählt dort von seiner »Fußbekleidung-Recycling-Anlage«. Die schreddert alte Schuhe und macht daraus Material für neue Treter.

Nur auf den ersten Blick gleicht das Publikum demjenigen auf »normalen« Modemessen und Modenschauen: Das hier sind Revoluzzer. Sie wollen nicht weniger als ein Neudenken in

Quo vadis, Revolution?

Die Neonyt (früher Greenshowroom und Ethical Fashion Show Berlin) ist DIE internationale Plattform für faire und grüne Mode. Der ideale Ort also, um einen Überblick über den aktuellen Stand der Moderevolution zu bekommen. Deshalb bin ich hier.

Die Show findet schon mal am coolsten Ort der ganzen Berliner Fashion Week statt: in den imposanten Industriehallen eines stillgelegten Heizkraftwerks in Berlin-Mitte, oberhalb des ältesten noch existierenden Berliner Technoclubs, dem Tresor. Allein die Location ist schon ein Statement: Faire Mode mag bisher nur zwei Prozent der weltweiten Produktion ausmachen, aber sie ist die Avantgarde.

Präsentiert werden tatsächlich abgefahrene Teile. Sneakers aus Pilzen, die auch nach dem letzten Tragen nicht zu Müll werden. Bikinioberteile aus alten Fischernetzen. Rucksäcke aus Kork, die der Umwelt schon beim Tragen etwas Gutes tun, weil das Naturmaterial CO_2 bindet.

Zwischen Armreifen aus Industrieabfällen und Shorts, die mal Plastikflaschen waren, entdecke ich zwei junge Designerinnen, die gerade anderen Frauen von den ersten Schritten mit dem eigenen Label erzählen. Als faire Modeunternehmerinnen bekamen sie nur schwer Kredite, wegen der angeblich geringen Renditeaussichten. Zustimmendes Raunen unter den Fachfrauen. Das Problem kennen hier alle. Das Fazit auch bei diesem Vortrag: »It's all about cooperation«: Die Newcomer brauchen die alten Hasen. Für Beratung, Motivation, Rückendeckung.

Faires Marketing

Konkurrenzdenken? Oder Geschäftsgeheimnis? Solche Bedenken hat hier offenbar niemand. Für die Unternehmer auf der Neonyt scheinen andere Businessregeln zu gelten. Auch die Verkaufsargumente lauten anders als üblich. Stylish sind die Teile sowieso, doch Trumpf ist: Giftfrei. Recycelt. CO_2-Neutral. Vegan. Vollständig biologisch abbaubar. Manche Labels haben an ihrem Stand auch Fotos aufgehängt von Näherinnen, die ein Schild tragen: »I made your clothes«.

Blogger und Brands

Das finden auch die Modebloggerinnen, die im ersten Stock des Heizkraftwerks vor einer rosa Stellwand fürs Fotoshooting Schlange stehen. Sie tragen ihre Lieblingsteile aus den neuen Kollektionen der fairen Designer. Besonders beliebt: die minimalistischen Rucksäcke aus Apfelleder des deutschen Labels Nuuwai und die CO_2-neutralen eleganten farbigen Wollmäntel von Lanius aus Deutschland.

Gerade hüpft vor der rosa Stellwand eine junge Frau in einem weißen Maxikleid mit gelben Blockprints zu den aufmunternden Schreien zweier Fotografinnen. Später wird die Bloggerin auf Instagram unter die Bilder posten: @byebyeFastFashion @sustainable-Fashionlovers.

»Noch bewegen wir uns in einer ›bubble‹. Aber wir tun alles, um da auszubrechen und Fair Fashion zur Normalität zu machen«, erklärt mir Javier Goyeneche vom spanischen Label Ecoalf. Er macht urbane Streetfashion aus Plastikmüll, der in Asien an den Strand gespült wurde. »Ich bin sicher: Früher oder später wird nachhaltige Produktion Standard.« Alle hier reden wie Javier. Ständig fallen Sätze wie: »Die faire Modeindustrie kann nur wachsen.« Oder: »Die Argumente sind einfach zu gut, die Situation ist zu ernst.« Ich möchte hinzufügen: Die Klamotten sind auch einfach ziemlich cool.

who made my clothes?

... ALTKLEIDERN

Tauschpartys sind nicht nur toll, um den eigenen Kleiderschrank aufzupeppen, sondern auch, um mal wieder einen feinen Abend unter Freundinnen zu verbringen.

Ganz wichtig: Prosecco und Knabbereien

Dann geht's los: Die Erste stellt ihre Sachen vor: »Daraus bin ich rausgewachsen«, »Dachte, ich brauche es für ein Vorstellungsgespräch, hab dann doch was anderes angezogen« bis hin zu »Erinnert mich an ein schiefgegangenes Date, boah, gruselig«.

Diejenigen, denen es gefällt, rufen »ich« oder »hier« – die Erste, die Interesse bekundet, bekommt das Teil und legt es vor sich hin. Andere können »sich anstellen« für das Kleidungsstück. Achtung, es wird NICHT gleich anprobiert, Geduld, Geduld, meine Damen! Kleidung, an der niemand Interesse zeigt, landet auf einem Stapel in der Mitte der Runde.

Nun: Vorhang zu!

Dann geht der zweite Teil des Abends los (Nicht alles muss auch mit dem Nachbarn geteilt werden, also Vorhänge zu!): Die große Anprobiererei geht los, am besten in einem Raum mit einem großen Spiegel.

Diesen Teil des Abends liebe ich am meisten, denn er hat immer Überraschungen in petto. Frauen stehen vorm Spiegel und können es kaum fassen, dass sie in diese Hose von ihrer Freundin reinpassen, die ja so ganz anders aussieht als sie selbst. Farben und Kombinationen werden kommentiert.

Eine kleine Warnung vor dem sogenannten Tauschrausch. Wo man sich alles krallt, was irgendwie passt, und total begeistert ist über sooo viele neue Sachen. Im Grunde nichts anderes als ein Kaufrausch im Laden. Basis für einen gut kuratierten Kleiderschrank:

– Passt mir das wirklich?
– Will ich das wirklich?
– Brauche ich das wirklich?

Wobei, zugegeben, gerade die letzte Frage beim Tauschen oft seeeehr weit in den Hintergrund tritt. Bin ich mir nicht sicher, dürfen neu ertauschte Teile bis zur nächsten Tauschparty bei mir wohnen, und wenn ich sie dann doch kein einziges Mal getragen habe, dürfen sie weiterziehen.

Ich habe auf Facebook eine Gruppe erstellt, in die ich locker 100 Freundinnen von jung bis alt, von dünn bis dick, aus meiner Heimatstadt hinzugefügt habe. Die Einladung ergeht immer an alle, bei 15 Zusagen mache ich meistens Anmeldeschluss (im Endeffekt tauchen maximal zwei Drittel der Angemeldeten auf). Es sind jedes einzelne Mal neue Frauen dabei, und sehr oft kennen sie sich untereinander gar nicht, sondern nur über mich. Ich glaube, bei meinen vergangenen Tauschpartys sind schon einige neue Freundschaften entstanden. Und ist viel, viel, viel Prosecco getrunken worden.

Frustshoppen vs. Freudetauschen

Wie ich selbst zur Tauscherei gekommen bin? Ich habe mal beschlossen, mir ein Jahr lang keine neue Kleidung zu kaufen. Ich ging früher sehr gern shoppen. Wenn der Tag im Büro scheiße war, machte ich den Umweg über die

Einkaufsstraße und gönnte mir zum Trost einen neuen Rock – meistens gab ich maximal zwanzig Euro aus, aber Hauptsache, ich konnte mit einem neuen Stück nach Hause fahren. Oder es passierte etwas, für das ich mich belohnen konnte: zack, neues Kleid. Dann kam eine Zeit, in der ich leider ziemlich viele Schicksalsschläge hinnehmen musste – und was passierte? Richtig, ich ging shoppen. Verbrachte ganze Abende in Onlineshops auf der Suche nach dieser einen bestimmten Jacke, die ich an der Frau in der U-Bahn so toll gefunden hatte (ich hab' sie damals übrigens gefunden). Was ich nicht tat, war, die Schicksalsschläge richtig zu verarbeiten.

Doch irgendwann machte das Shoppen keinen Spaß mehr. Der Kick, etwas Neues zu haben, war meistens bereits weg, wenn ich mit dem Teil zu Hause ankam. Irgendwann zog ich die Reißleine. Bei mir geht's nach dem Motto »Ganz oder gar nicht«. Also beschloss ich eben, ein Jahr GAR NIX mehr zu kaufen.

Ich kauf nix

Was folgte, war ein unglaublich lehrreiches Jahr. Ich informierte mich genau, wo meine Kleidung herkam. Ich lernte über den Chemieeinsatz bei der Produktion, die Umweltschädlichkeit von konventionellen Baumwoll-Monokulturen (diese Pflanzen sind wahre Insektizidfresser …), machte mich schlau über die Umweltgefahr, die von Polyester ausgeht und vor allem über die massiv menschenrechtsverletzenden Zustände in der konventionellen Textilproduktion. Schnell war mir klar: Auch nach Ablauf des shoppingfreien Jahres würde

ich nicht zu alten Einkaufsgewohnheiten zurückkehren können. Wollte ich auch gar nicht. Einerseits lernte ich, meinen eigenen Kleiderschrank neu zu entdecken und die Teile in meinem Besitz neu zu kombinieren.

Andererseits wollte ich …

– ein Kleidungsstück selbst nähen
– einen Pulli selbst stricken
– herausfinden, wo ich fair und ökologisch verträglich produzierte Kleidung herbekomme
– nach Ablauf des Jahres die Secondhandläden meiner Heimatstadt erkundet haben
– meinen eigenen Kleiderschrank radikal ausmisten
– auf eine öffentliche Tauschparty gehen
– selbst eine Tauschparty veranstalten

Auf www.ichkaufnix.com bloggte ich darüber, etwa ein Jahr danach erschien das gleichnamige Buch. All das ist jetzt einige Jahre her und aus vielen Dingen, die ich in diesem Jahr lernte, wurde inzwischen Gewohnheit. Wie eingangs gesagt: Ein großer Teil meines Kleiderschranks ist inzwischen getauscht, und ich liebe es. Denn jedes Mal, wenn ich ein solches Teil anziehe, ist es nicht nur ein schöner grauer Pulli, sondern der schöne graue Pulli, der mich an meine Freundin Kirsten denken lässt. Oder die tolle Freitagtasche, sodass mich meine liebe Freundin Ruth fast täglich »begleitet«. Hach, ich liebe es einfach, Kleidung zu tauschen!

Nunu Kaller

KLASSE, DASS DU
EINFACH GEKLINGELT HAST...
Finde ich auch!

#3 Daily Life

Im Konsumrausch?
Wird besser, wenn man
mit Nachbarn teilt, tauscht, leiht.

Abgesehen davon:
Ein spontaner Plausch mit Nebenan
ist vielleicht die perfekte Lösung
für akute Großstadtmelancholie.

REVIVAL DER NACHBARSCHAFT

»Der Preis der urbanen Freiheit ist die Isolation«, habe ich mal gelesen und mir den Satz gemerkt. Denn er leuchtete mir sofort ein. Ich selbst bin, wie wahrscheinlich so einige Stadtbewohner, eigentlich auf dem Dorf groß geworden. In die Stadt bin ich auch deshalb gezogen, weil ich mich von der sozialen Kontrolle befreien wollte, die mich auf dem Land nervte. Als Kehrseite der anonymen Freiheit erlebe ich allerdings manchmal das Gefühl des Abgeschnittenseins. In meinem Heimatdorf kannte ich das gar nicht, dort war ich immer irgendwo willkommen.

Selbst ein großer Freundeskreis hilft an solchen einsamen Stadttagen der Anonymität nicht. Weil alle anderen beschäftigt oder schon verabredet sind, weil in der Großstadt eben kaum jemand spontan Zeit hat. Vor allem im Winter kann das einem übel mitspielen.

Fairerweise muss ich sagen: Das Gefühl der Isolation kennen nicht nur wir Städter. Meine Freunde, die raus aufs Land gezogen sind, haben es oft ganz und gar nicht leicht, Anschluss zu finden. In den Dörfern, in denen sie jetzt leben, existiert auch oft gar keine Gemeinschaft, an die sie andocken, in die sie aufgenommen werden könnten. Weil zu viele weggezogen sind oder weil es nie eine gab.

Gemeinsam statt einsam

Dabei sind wir im Grunde ja nie wirklich alleine – gerade in der Stadt. Wir leben Wand an Wand, Tür an Tür mit sehr vielen Menschen, eben mit unseren Nachbarn. Nur sind die uns dummerweise meist so fremd, dass wir uns nicht mal trauen zu klingeln, wenn uns Salz oder Zucker fehlen. Oft kennen wir sie nur vom Sehen. Wenn überhaupt.

FRAG DOCH MAL DEN LIEBEN

NACHBARN

IN DEUTSCHLAND WÜNSCHT
SICH JE NACH ALTER BIS ZU
JEDER FÜNFTE
mehr Kontakt zu
seinen Nachbarn.

IN EINER STADT
WIE HAMBURG KENNEN
39% DER EINWOHNER
KEINEN EINZIGEN
NACHBARN.

80% DER GEBRAUCHSGEGENSTÄNDE
WERDEN HÖCHSTENS *1x im Monat*
BENUTZT. ALLEIN IN DEUTSCHLAND GIBT ES ÜBER
100 SHARING-PLATTFORMEN.

LAUT WWW.BRANDEINS.DE WERDEN
Bohrmaschinen WÄHREND
IHRER GESAMTEN LEBENSDAUER NUR
13 Minuten GENUTZT.

Dabei wäre ein spontaner Kaffeeplausch mit der Nachbarin von unten möglicherweise die perfekte Lösung für akute Melancholie? Schließlich soll uns ja nichts glücklicher machen als zwischenmenschliche Beziehungen …

Ich gebe zu: Bisher habe auch ich meine Nachbarn ignoriert. Nicht, weil ich was gegen sie habe, sondern weil ich meine Ruhe will, weil ich in meinem Haus, in meinem Block eben nicht die Dorf-Atmosphäre will, der ich entflohen bin. So dachte ich zumindest sehr lange. Mittlerweile glaube ich: Ich bin mit meiner Abkapselung übers Ziel hinausgeschossen. Ich kann die Beziehung mit meinen Nachbarn schließlich selbst gestalten. Nachbarschaft schaffen diese Menschen und ich – wir! – miteinander. Und im besten Fall weben wir ein Netz der Unterstützung, des wohlwollenden Miteinanders.

Landnachbarn

Ein paar Freunde, die aufs Land gezogen sind, haben das Prinzip Nachbarschaft als Erste in meinem Freundeskreis neu entdeckt. Teilen und Kooperieren war für sie nicht nur schöne Theorie, sondern gelebte Realität: Mit ihren Nachbarn tauschen sie Rasenmäher, Heckenschere, Grill und Bierbänke, sie schenken sich gegenseitig Obst aus ihren Gärten und selbstgemachte Marmelade. Gemeinsam bespielen sie das Gemeindezentrum, organisieren Sommerfeste.

Sie hatten die Wahl: Entweder sie verbringen die meiste Zeit doch wieder bei uns in der Stadt, mit den alten Freunden. Oder sie schaffen sich ein neues Umfeld. Sie entschieden sich für Zweiteres. Wenn sie uns in der Stadt besuchen, erzählen sie uns jetzt begeistert davon. Wie glücklich sie der Austausch mit den Nachbarn macht. Wie der Kontakt mit den Menschen aus der unmittelbaren Umgebung ihr Bewusstsein schärft dafür, dass wir eben nicht isoliert sind, sondern mit den anderen verbunden, dass wir unsere Umwelt gestalten.

Gute Nachbarschaft kann der erste Schritt für eine Veränderung sein, sagen meine Freunde, zu mehr Miteinander und weniger oder zumindest geteiltem Ressourcenverbrauch. Eine Nachbarschaft kann jedenfalls auch schon ganz konkret im Hier und Jetzt helfen, die großen Herausforderungen unserer (Konsum- und Konkurrenz-)Gesellschaft zu meistern.

Vereinsamung im Alter?
Nicht, wenn die Nachbarn regelmäßig nach der alten Dame im ersten Stock schauen. Für die »geschenkte« Zeit gibt es bestimmt spannende Geschichten und köstliche Kekse.

Akute Einsamkeit?
Wird besser, wenn man die Nachbarn an grauen Tagen spontan auf einen Kaffee treffen kann. Dann kann man sich untereinander auch guten Gewissens vor dem Urlaub die Reste aus dem Kühlschrank anvertrauen, anstatt sie wegzuwerfen.

Exzessiver Konsum?
Wird weniger, wenn man mit den Nachbarn teilt, tauscht, sich gegenseitig Geräte, Hilfsmittel etc. ausleiht.

>> Gute Nachbarschaft kann
der erste Schritt
für eine Veränderung sein. <<

Mach was!

REIN INS NETZ (-WERKEN)

Jeder von uns kann nachbarschaftliche Netzwerke selbst knüpfen, egal ob in der Großstadt oder im Dorf. Seit ich mich mit meiner Nachbarschaft auseinandersetze, habe ich festgestellt: So leicht kommt man mit den Menschen, die um einen herum wohnen, gar nicht ins Gespräch. Die Kultur des Kennenlernens scheint verkümmert.

Nachbarschaft online

Nicht verzagen, es gibt Abhilfe. Online-Plattformen wie *www.nebenan.de* oder *www.fragnebenan.com* helfen, Beziehungen zu Menschen aus der Umgebung aufzubauen. Und wer jetzt meckert, dass der digitale Weg ja wohl nicht sein muss, um Beziehungen im echten Leben einzugehen, dem sei gesagt: Diese Netzwerke sind ein Gegenmodell zu Social-Media-Kanälen, wo die Individualisierung das Miteinander verdrängt. Die Menschen, die sich auf diesen Nachbarschaftsseiten tummeln, legen keinen Wert auf Selbstinszenierung, sie wollen einfach mit den Menschen aus der nächsten Umgebung Kontakt haben, sich gegenseitig unterstützen. Der Umweg über das Digitale macht die Verbindung in der analogen Welt einfach leichter.

> *Weiterlesen auf S. 90*

Pumpipumpe

Ein einfaches Werkzeug zum Anfassen, mit dem man aus seiner Nachbarschaft ein funktionierendes soziales Netzwerk machen kann, haben die Gründerinnen vom Schweizer Verein Pumpipumpe: Das Team verkauft Aufkleber von Gegenständen, die man besitzt und die man gern verleihen möchte, um »Großzügigkeit in den Raum zu werfen«, wie die Schweizerinnen sagen. Die Sticker sind auch eine ideale Vorlage, um mit seinen Nachbarn ins Gespräch zu kommen.

> *Weiterlesen auf S. 96*

Ladenlokale

In der analogen Welt gibt es natürlich noch viele weitere Möglichkeiten, sich mit seiner Umgebung zu verbinden. In meinem Kiez in Berlin gibt es viele nichtkommerzielle communityverwaltete Ladenlokale, in denen Lesungen, Ausstellungen, Jamsessions und Workshops stattfinden, wo man auch selbst Veranstaltungen organisieren kann, wo es Umsonstläden gibt, in denen jeder abgeben kann, was andere vielleicht noch brauchen können. Das Quartiersmanagement informiert regelmäßig über die neuesten Entwicklungen im Kiez und lädt zu Stadtviertelfesten ein. Und dann sind da noch, ganz klassisch, Vereine.

Gemeinschaftsgärten

Besonders schöne Gelegenheiten, seine Nachbarn kennenzulernen, bieten sich beim »Garteln«. Stadt oder Gemeinde stellen öffentliche Grünflächen zur Verfügung, manchmal auch Firmen oder Privatleute. Dort kann man gemeinsam mit anderen in der Erde wühlen, Gemüse säen und Obst ernten. Im Vordergrund steht das Miteinander, das Engagement für den Stadtteil. Um Gemeinschaftsbeete und Obstbäume kümmern sich meist alle gemeinsam – über Schicht, Milieu und Herkunft hinweg.

Die Idee: Wer gemeinsam einen Garten hegt und pflegt, erschafft etwas Schönes – auch in der Gesellschaft. Dazu passt, dass der Garten in vielen Gedichten eine Metapher für die Seele ist, um die man sich kümmern muss, damit es ihr gut geht.

Alle meine Freunde, die sich in einem Gemeinschaftsgarten engagieren, bestätigen: Die geteilte Verantwortung für ein Stück Land macht glücklich, bereichert das Zusammenleben, ist gelebte Integration. Das gilt natürlich ganz besonders für interkulturelle Gärten.
> *Weiterlesen auf S. 108*

Man muss aber nicht gleich etwas für die Allgemeinheit tun. Auf *www.shareyourmeal.net* bieten Hobbyköche ihren Nachbarn einen Platz am Tisch an, gegen ein Trinkgeld. Auf *www.eatfeastly.com* kann man sich bei Nachbarn zum Dinner einladen – beides bisher nur in den USA. Alle Hundebesitzer finden auf *www.gassi-gassi.de* einen Hundesitter, Tierliebhaber einen Teilzeithund.

Homestory

IN LOVE MIT WWW.NEBENAN.DE

Die weißen Laternen stehen zwischen den Sonnenaugen und dem Lavendel, die bunte Wimpelkette schmückt die Hauswand. Auf der Wiese reihen sich Bierbänke. Gleich neben der Terrasse steht die Zinkbadewanne bereit, um mit Eiswasser, Limo, Bier und Sekt befüllt zu werden. Jana Grossmann läuft barfuß über den sattgrünen Rasen, nimmt eine der Laternen in die Hand und wischt ein wenig Erde vom Glastürchen, am Morgen hat es etwas geregnet. Sie kehrt zurück zum Haus und blickt von der Terrasse prüfend auf das Ensemble. Sie lächelt zufrieden. Alles ist fertig für ihre Hochzeitsfeier. Morgen werden 50 Gäste da sein. Es ist die größte Party, die sie je organisiert hat.

»Ohne meine Nachbarn wäre es niemals so schick geworden«, sagt sie. Die Laternen, die Badewanne, die bunten Wimpel hat sie sich in den Häusern nebenan geliehen und auch die Rettungswesten für den geplanten Paddelausflug mit den Kindern. Überhaupt: Wegen ihrer Nachbarn hat sie endlich das Gefühl, in ihrem Dorf richtig zu Hause zu sein.

Digitales Dorf

Zwei Monate vor ihrer Hochzeit fischte Jana eine Postkarte aus dem Briefkasten, vorne stand »nebenan.de«, Absender war ein Nachbar. Er wolle sich über die Online-Plattform mit seiner Umgebung vernetzen und suche nach Mitstreitern. Jana war sofort von der Idee der digitalen Vernetzung begeistert. Endlich würde sie die Leute in ihrer Umgebung kennenlernen!

Ein Jahr zuvor war sie mit ihrem Mann und ihrem einjährigen Sohn nach Woltersdorf gezogen. Es hatte gedauert, bis sie ihren Mann überredet hatte, Berlin zu verlassen, und nun brauchte sie selbst noch Zeit, bis sie sich heimisch fühlte. Sie war in dem Dorf in Brandenburg groß geworden und hatte sich immer gewünscht, dass ihr Sohn so eine idyllische Kindheit erlebt, wie sie sie dort verbracht hatte. Nur hatte sich das Dorf in den 15 Jahren, die sie in der Stadt gewesen war, verändert: Ihre alten Freunde waren alle weggezogen, sie kannte kaum noch jemanden. Wenn sie ihren Neugeborenen im Kinderwagen an dem dicht bewachsenen Ufer entlang zur Badestelle schob, fühlte sie sich oft einsam.

nebenan.de

Das Glück: im Internet gefunden

Das Angebot der Online-Plattform schien ihr wie die perfekte Möglichkeit, das zu ändern. Jana registrierte sich also noch an dem Tag, an dem sie die Postkarte entdeckte. Sie scrollte durch die alten Nachrichten, klickte durch die Profile der Absender – und sah bekannte Gesichter. Die allermeisten hatte sie schon häufiger gesehen, beim Einkaufen, an der Tankstelle, beim Spaziergehen. Mit einigen Frauen hatte sie sogar ein paar Worte gewechselt. Mehr als Smalltalk hatte sich allerdings nie ergeben. Jetzt las sie, dass ein paar der Frauen auch Mütter in Elternzeit waren und dass sie sich wie sie freuen würden, wenn sie jemanden zum Spazierengehen hätten.

»Es ist seltsam: Bei unseren Begegnungen im echten Leben wäre ich niemals auf die Idee gekommen, dass sie vielleicht auch Kontakt suchen«, sagt Jana – sie ist noch immer überrascht. »Ich dachte, dass sie ein voll durchorganisiertes Leben haben und keine Zeit für neue

>>Liebe Nachbarn,
wir heiraten in unserem Woltersdorf
und weil es eine schöne nette Gartenparty
werden soll, suche ich noch Deko und
Kinderspiele zum Leihen.<<

Leute – und wollte mich nicht aufdrängen.« Die Nachbarin ruft nun über den Zaun. Sie habe da ein paar hübsche Laternen, vielleicht wolle sie die für die Party auch noch aufstellen? »Klar, sehr gern«, sagt Jana und nimmt lächelnd die grünen und blauen Lampions entgegen.

Endlich mittendrin

Erst mit dem digitalen Nachbarschaftsnetzwerk fühlte sie sich angenommen in der Dorfgemeinschaft. Sie fieberte mit, als eine Familie ihren ausgebüchsten Hund suchte, und jubelte, als der junge Golden Retriever aus dem See gerettet wurde. Sie antwortete ausführlich, als eine junge Frau, die gerade schwanger war, fragte, wie das in Woltersdorf mit der Anmeldung in der Kita läuft. Und als sie die Nachricht einer Sängerin las, die nach einem Klavierspieler suchte, um gemeinsam auf Feiern aufzutreten, kam ihr die Idee, die Nachbarn nach Dekomaterial für ihre Hochzeitsparty zu fragen.

Hannah, die junge Frau, der sie die Tipps zur Kita-Anmeldung gegeben hatte, antwortete sofort: Sie hatte Wimpelketten, Lampions und für den Fall der Fälle weiße Regenschirme. Jana könnte jederzeit vorbeikommen und mitnehmen was sie braucht. Schon bei ihrem

ersten Treffen redeten die beiden über eine Stunde lang. Jana erfuhr dabei, dass sich auch Hannah manchmal in Woltersdorf einsam fühlt. Die beiden wollen jetzt eine Mutter-Kind-Gruppe gründen.

Ein Mann hatte eine Zinkbadewanne für Jana, »großartige Idee, die zum Getränkekühlen zu benutzen! Bin ich noch gar nicht drauf gekommen«, schrieb er. Wenig später meldete er sich entschuldigend, ausgerechnet am Hochzeitswochenende hätten sie jetzt selbst eine Gartenparty organisiert und sie wollten die kreative Verwendung der Kühlwanne gleich ausprobieren. Als Jana ihrem anderen Nachbarn über den Zaun hinweg davon erzählte, stellte sich heraus, dass auch er eine alte Zinkwanne im Keller hatte. Natürlich könnte sie die haben.

Die steht jetzt auf der Terrasse, bereit für ihren Einsatz am nächsten Tag. Probehalber hat Jana schon mal ein paar der Limoflaschen hineingelegt, die sie selbst beschriftet hat. »Schön, dass du da bist!« steht drauf. Und: »verliebt, verlobt, verheiratet«.

»Vorhin kam jemand vorbei und hat gefragt, ob er mal die Bierbänke ausleihen kann«, sagt Jana zu Micha, ihrem Mann. »Klar«, sagt er. »Genau wie die anderen hundert Sachen, die wir nur ein paarmal im Jahr benutzen.«

So geht's

NEBENAN-NETZWERKEN

Das Prinzip der Nachbarschafts-Plattformen ist simpel:

- Man lädt eine App herunter, registriert sich. Über den Ortungsdienst wird der Standort abgerufen, man bestätigt – und schon ist man mittendrin in seiner Nachbarschaft.

- Damit mehr Leute aus der näheren Umgebung mitmachen, kann man selbst aktiv werden, Handzettel und Postkarten verteilen, Leute ansprechen.

Generell liest man einfach mit, was die anderen Mitglieder der Nachbarschaft posten. Städter sehen auch die Beiträge aus den angrenzenden Vierteln. Die Nachrichten erscheinen chronologisch, kein Algorithmus sortiert sie. Natürlich könnte man auch einfach bei den Nachbarn klingeln und nach dem Mixer oder der Bohrmaschine fragen. Online erreicht man allerdings viel mehr Leute. Gleichzeitig ist niemand gezwungen zu antworten – und diese Freiwilligkeit macht es manchmal vielleicht leichter, großzügig und hilfsbereit zu sein.

Der Umgangston in den Netzwerken ist jedenfalls sehr freundlich, Pöbler gibt es so gut wie nicht. »Wenn jemand ausfällig wird, setzen die Selbstheilungskräfte der Community ein«, sagt Christian Vollmann, Gründer von **www.nebenan.de**, der die Plattformen auch »Betriebssysteme für Nachbarschaften« nennt.

- Die Idee stammt ursprünglich aus den USA. Nextdoor verknüpft seit 2011 Nachbarn online. Christian Vollmann brachte die Idee 2015 nach Deutschland.

- Auf www.nebenan.de verbinden sich mittlerweile Menschen in 120 Städten in über 3200 Nachbarschaften mit mehr als 500 000 Usern.

- In Österreich sind auf www.fragnebenan.com mehr als 55 000 Nachbarn, viele davon in Wien, registriert.

Auch was für Nachbarn übrig?
Mehr auf www.nebenan.de oder
www.fragnebenan.com

Portrait

PUMPIPUMPST DU
SCHON?
BRIEFKASTEN-STICKER
RELOADED

LISA OCHSENBEIN

GRÜNDERIN VON PUMPIPUMPE.CH

Lisa Ochsenbein und ihre Freunde, alles frisch-gebackene Designer, waren gerade mit dem Studium fertig, hatten sich selbstständig gemacht und in Bern ein Atelier gemietet. Und nun wollten sie gemeinsam etwas Sinnvolles tun mit ihrem Wissen. Abends, nachdem sie ihre ersten Aufträge erledigt hatten, setzten sie sich zusammen und tauschten sich aus: Was beschäftigt uns gerade? Was davon ist wirklich wichtig? Was hat Potenzial?

»Wir hatten anfangs Großes im Kopf. Nie hätten wir an simple Sticker gedacht«, sagt Lisa Ochsenbein heute. »Und nie hätten wir erwartet, dass wir mit unserer Idee jemals so erfolgreich sein würden!«

Doch genau das trat ein. Nach ganz Europa verkaufen die Freunde heute Stickersets, die zum Verleihen in der Nachbarschaft auffordern sollen. Helltürkisgrüne Aufkleber mit schwarzen stilisierten Gebrauchsgegenständen darauf, Luftpumpen, Bohrmaschinen, Schlauchbooten, Gugelhupfformen. An die Haustür oder an den Briefkasten geklebt, signalisieren sie allen, welche Produkte man bei diesem Nachbarn gern und kostenlos leihen kann.

Bohrmaschine?
Zweimal im Leben benutzt

Lisa war es, die den Anstoß für diese simple und geniale Idee gab. Im Sommer 2012, als sie mit ihren Freunden nach diesem gemeinsamen sinnvollen Projekt suchte, war sie gerade ein paarmal umgezogen. Jedes Mal hatte sie ihren gesamten Besitz von Wohnung zu Wohnung geschleppt und sich dabei immer wieder gefragt: Brauche ich das ganze Zeug eigentlich?

Die Bohrmaschine hatte sie höchstens zweimal benutzt. Die Fahrradpumpe brauchte sie immerhin einmal im Monat, den Staubsauger einmal in der Woche. Aber den Mixer? Hatte sie noch nicht ein Mal angeschaltet!

An einem der Abende, an denen sie im Atelier mit den Kollegen zusammensaß, erzählte sie von ihren Überlegungen. Und sie fragte: Wieso besitzen wir eigentlich so viel? Wieso teilen wir nicht mehr? Die Freunde waren sich schnell einig: Mit diesen Fragen musste sich ihr gemeinsames Projekt beschäftigen.

Nach einigem Brainstorming und Herumspinnen kamen sie schließlich auf die Aufkleber mit den Haushaltsgegenständen. »Als das einmal ausgesprochen war, war uns allen klar: Das war es, wonach wir gesucht hatten.«

Die Berner Designer-Freunde gründeten kurz darauf einen Verein, um ihre Idee umzusetzen. Sie nannten ihn Pumpipumpe, ein Wortspiel aus Fahrradpumpe und aufpumpen. Sie schalteten die Webseite www.pumpipumpe. ch online, auf der man die Sticker bestellen kann, und verteilten erste Aufkleber in dem Viertel, in dem ihr Atelier liegt. Die Nachbarn waren sofort begeistert. Und offenbar erzählten sie Bekannten und Freunden davon, denn bald gingen auf der Pumpipumpe-Webseite Bestellungen aus der ganzen Schweiz ein. Dann auch aus Österreich und Deutschland. Schnell riefen Journalisten an, die über Pumpipumpe berichten wollten. Und schließlich passierte das, was Lisa sich bis heute nicht erklären kann: Ihre Sticker verbreiteten sich bis nach Moskau, Oslo, Catania, Madrid. Bald haben 20 000 Menschen ihre klebenden Illustrationen gekauft. Berlin ist die Stadt, in der die meisten Menschen die Pumpipumpe-Sticker nutzen wollen.

Pumpipumpe international

»Wir haben nie Werbung gemacht«, sagt Lisa jetzt, noch immer überwältigt von dem internationalen Feedback. »Wir haben wirklich keine Ahnung, wie die Menschen in Moskau oder Madrid von uns erfahren haben.«

Geld verdienen Lisa und ihre Freunde bis heute nicht mit den Pumpipumpe-Stickern, sondern mit ihren Aufträgen als Designer. Das war aber auch nie das Ziel ihres Vereins, der nicht gewinnorientiert arbeitet. Es ging ihnen darum, etwas zu schaffen, das sich positiv auswirkt auf die Gesellschaft – nicht auf ihren Geldbeutel.

Ob die Nachbarn in ganz Europa dank der Sticker wirklich Dinge teilen und weniger kaufen, weiß Lisa nicht. Bei ihr jedenfalls klingelt nur noch manchmal jemand, um sich etwas auszuleihen – obwohl an ihrem Briefkasten acht Dinge kleben, ein Mixer, ein Racletteöfeli, ein Fondueset, eine Leiter …

»Ich denke, die meisten Menschen haben einfach alles, was sie brauchen«, sagt Lisa. »Die Sticker beeinflussen aber hoffentlich künftige Kaufentscheidungen.« Wenn der Bohrer oder der Mixer kaputtgeht, sollen sich die Leute fragen: Muss ich wirklich einen neuen kaufen? Wieso leihe ich mir nicht einfach den der Nachbarn? Die bieten das schließlich an!

>>Wieso besitzen wir eigentlich so viel? Wieso teilen wir nicht mehr? <<

Leihtauglich oder nicht?

Dass die meisten Menschen alles besitzen, was sie benötigen, ist nicht die einzige Hürde auf dem Weg zum Teilen als gelebte Praxis. Viele hemmt, dass der Nachbar den ausgeliehenen Staubsauger ramponieren könnte – oder dass sie selbst die geborgte Bohrmaschine beschädigen könnten. Nicht ohne Grund. Schließlich sind viele Geräte heute eben nicht für ein langes Leben gemacht, gehen schnell mal kaputt.

Lisa Ochsenbein weiß das nur zu gut. Sie ist Industriedesignerin und bei ihrer Arbeit bekommt sie mit, wie heute die meisten Dinge hergestellt sind: billig und nicht langlebig. Das heißt also: ungeeignet zum Teilen.

»Es liegt auch in unserer Hand, welche Produkte auf den Markt kommen«, sagt die Designerin. »Mit jeder Kaufentscheidung signalisieren wir, was wir wollen.« Sie hofft, dass sich immer mehr – auch dank Pumpipumpe – für robuste und intelligente Produkte entscheiden, die intuitiv zu benutzen und leicht zu reparieren sind. »Solche Gegenstände eignen sich zum Teilen und wir verbrauchen weniger Ressourcen.« Noch konsumieren wir meist nebenbei, kaufen mal eben schnell auf dem Heimweg von der Arbeit einen neuen Staubsauger, bestellen in der Kaffeepause im Internet einen neuen Entsafter – und lassen uns dabei oft vom Preis leiten. »Wir müssen verinnerlichen, dass jedem Einkauf eine selbstaufklärerische Tätigkeit vorangehen muss«, sagt Lisa.

Sie wünscht sich, dass wir beim Shoppen viele Fragen stellen. Kann ich nachvollziehen, unter welchen Umständen der Staubsauger hergestellt wurde? Wurden bei der Produktion Menschenrechte und Umwelt respektiert? Aus welchen Materialien besteht das Ding? Kann das Produkt repariert werden? Sind Ersatzteile erhältlich? Können die Stoffe, aus denen es gemacht ist, nach der letzten Nutzung problemlos abgebaut werden? Können sie im besten Fall sogar in den biologischen Kreislauf zurückgeführt werden?

Für alle jene Taschen, Stühle, Leuchten und Teppiche, die Lisa als Produktdesignerin entwirft, kann sie diese Fragen schon positiv und ausführlich beantworten.

Auch loslegen mit Briefkasten-Stickern?
Ganz einfach bestellen unter
www.pumpipumpe.ch

>>Es liegt auch in unserer Hand,
welche Produkte
auf den Markt kommen.<<

Zu Besuch im
REPAIR-CAFÉ

Schon eine Stunde lang beäugt Josephine die zwei Männer, die sich an ihrem kaputten Staubsauger zu schaffen machen. Die beiden, einer Ende 30, der andere Anfang 70, haben das Gerät komplett auseinandergenommen und nun beugen sie sich über dessen ausgeweidetes Innere, leuchten mit einer Taschenlampe hinein und nuscheln dabei unverständlichen Technikjargon. Anfangs hatte Josephine, Mitte 50, noch versucht, selbst Hand anzulegen. Aber dann haben ihr die beiden Experten zu verstehen gegeben, dass sie den komplizierten Eingriff nur stört. Also hat sie sich zurückgelehnt.

Kaputt gibt's nicht!

Einmal im Monat verwandeln sich die Räume des Umweltvereins BUND in Berlin-Schöneberg in ein Repair-Café. Jeder kann dann seinen kaputten Toaster, den Fehlermeldungen produzierenden Drucker oder das aus dem Leim gegangene Schränkchen vorbeibringen. Denn mindestens fünf Ehrenamtliche warten dort jedes Mal darauf, zu schrauben, zu löten, zu leimen. Je nach Schwierigkeitsgrad reparieren sie gemeinsam mit den Besitzern oder aber halten sie auf Abstand – wie im Fall von Josephine. Fast alle Experten sind Männer, viele von ihnen Ingenieure im Ruhestand, die in ihrer freien Zeit etwas Sinnvolles tun wollen, alle sind leidenschaftliche Tüftler. Sie geben keine Erfolgsgarantie, aber garantiert ist, dass sie ihr Bestes geben.

Endlich unterbreiten die beiden Staubsaugerexperten Jospehine eine vielversprechende Diagnose: Eine Lötstelle tief im Inneren ist gebrochen, ein bisschen kompliziert zu reparieren, aber machbar. Ansonsten ist das Gerät noch einwandfrei in Schuss.

Es vergehen keine fünf Minuten, da hört Josephine das altbekannte träge Brummen, das sich allmählich zu einem schrillen Surren steigert. Sie jubelt. Doch die Tüftler mahnen sofort. Am schwierigsten sei oft, solch ein Gerät wieder so zusammenzubauen, dass es danach noch immer funktioniert. Tatsächlich stehen die beiden eine Viertelstunde später noch immer vor dem Staubsauger.

In dem Repair-Café haben sich mittlerweile viele weitere hilfesuchende Frauen und Männer mit allerhand Geräten versammelt. Darunter: noch ein Staubsauger, zwei Kaffeemaschinen, ein DVD-Player, das Aufladekabel eines Laptops, ein Fernglas, eine Hifi-Anlage. Die Experten nehmen ein Teil nach dem anderen auseinander, löten, schrauben, kleben. Selten dauert die Reparatur so lange wie die von Josephines Staubsauer.

Ein Wäscheständer
für ein ganzes Leben

Josephine hätte im Grunde zufrieden sein und einfach einen neuen Staubsauger kau-

fen können. Fast 15 Jahre hat ihr alter funktioniert. Doch die Mittfünfzigerin hat eine »Wegwerfallergie«, wie sie selbst sagt. Als in den Achtzigern in der Unimensa Plastikbecher eingeführt wurden, organisierte Josephine mit Kommilitonen eine Demo. Und in ihrem Leben hat sie bisher nur einen einzigen Wäscheständer besessen. Diesen sorgsamen Umgang mit Dingen hat sie von ihrem Vater geerbt, der alles so lange reparierte, bis wirklich nichts mehr zu machen war. Sein Tüftlergen allerdings hat Josephine nicht mitbekommen. Also bringt sie alles immer so lange zurück zum Händler, bis der es nicht mehr nimmt.

Alte Teile haben einfach mehr Charakter – im Repair-Café kämpfen Ehrenamtliche engagiert um um das Überleben der »Antiquitäten«.

Der erste Verkäufer im Elektroladen, der sich weigerte, das Gerät in die Reparatur zu nehmen, nuschelte etwas von »Antiquität« – für Jospehine nicht Grund genug, sich endgültig von etwas zu verabschieden. Der nächste ignorierte ihre Frage nach dem Reparaturservice und pries ihr die neuen Modelle an – Josephine hielt dem jungen Mann einen Vortrag über die fatalen Folgen unserer Wegwerfmentalität und stapfte empört aus dem Laden.

Es erschien ihr wie ein Zeichen, als sie kurz darauf im Radio von den Repair-Cafés hörte. Sie recherchierte im Internet und fand heraus, dass einige nicht weit von ihrer Wohnung lagen. Sie meldete sich und ihren Staubsauger für den nächsten Termin in den BUND-Räumen in Schöneberg an.

Nach einer weiteren Viertelstunde hört Josephine dort wieder das vertraute Geräusch ihres Staubsaugers. Diesmal jubelt sie nicht, sondern fragt vorsichtig: »Und?« Sie sitzt längst nicht mehr neben den beiden Männern, sondern hat sich mit Kaffee und Kuchen zu den anderen Besuchern gesellt, die bei der Reparatur auch nicht mithelfen können. Oder dürfen. Die beiden Experten nicken stolz. Josephine fällt ihnen beinahe um den Hals.

Vom Glück des Reparierens

»Solche Momente machen mich ziemlich glücklich«, sagt Erik, 37, einer der beiden Männer, die Josephine gerettet haben. Ein alter Schulfreund hat das Repair-Café in Schöneberg vor zwei Jahren gegründet, seitdem ist Erik, der eigentlich Informatiker ist, fast bei jedem Treffen dabei. »Es ist einfach ein echt gutes Gefühl,

wenn ich einen verloren geglaubten Gegenstand wieder richten kann.« Etwa zwei Drittel der kaputten Geräte bringt er nach eigenen Angaben wieder zum Laufen.

Auch wenn er die positive Atmosphäre der Repair-Treffen liebt – es geht ihm nicht allein darum, anderen eine Freude zu bereiten. Es geht ihm auch nicht nur um die Tatsache, dass er mit jeder gelungenen Reparatur ganz konkret etwas tut, um Ressourcen einzusparen. Schließlich werden mit jedem Gerät, das er erfolgreich instand setzt, potenziell Material, Energie und CO_2-Emissionen gespart, die bei der Herstellung neuer Produkte anfallen.

Erik will im Repair-Café einen Mentalitätswechsel erreichen. »Die Leute werfen heute Dinge weg, die man unkompliziert richten könnte. Das Problem ist: Die meisten kommen gar nicht auf die Idee! Das will ich ändern.«

Bevor er sich im Repair-Café engagierte, hat er sich oft gefragt, wie er ganz konkret mehr Verantwortung für die Gesellschaft übernehmen kann. Jetzt stellt er sich die Frage nicht mehr. Er ist überzeugt: »Wenn die Leute hier sehen, wie einfach man etwas reparieren kann, werfen sie ein kaputtes Gerät garantiert nicht mehr so schnell weg. Und möglicherweise erzählen sie auch ihren Bekannten und Freunden davon.« Die Besucherzahlen im Repair-Café jedenfalls steigen.

Josephine will zum nächsten Treffen ihre alte Nähmaschine vorbeibringen. Nicht etwa, weil die kaputt ist. Sie will Socken stopfen, Löcher flicken, klemmende Reißverschlüsse austauschen. Das Repair-Café um ein Näh-Café erweitern.

Selbst Tüftler oder was kaputt?
Schaut doch mal rein: www.repaircafe.org

So geht's

REPAIR-CAFÉS WELTWEIT

Die Niederländerin Martine Postma organisierte im Oktober 2009 in Amsterdam das allererste Repair-Café-Treffen. Mittlerweile gibt es eine Stiftung für ihre über 50 Cafés.

- Den Raum stellte die Stadt zur Verfügung, die Werkzeuge brachten die Tüftler mit, Sandwiches spendete ein Bäcker.

- Der Erfolg war riesig, die ehrenamtlichen Technik-Experten schafften es kaum, den Andrang zu bewältigen, all die Toaster, Kaffeemaschinen, Drucker, Computer zu reparieren, die die Anwohner heranschleppten.

- Im folgenden Jahr begründete Postma zehn weitere Treffpunkte in ihrer Heimatstadt.

- Mittlerweile gibt es mehr als 1500 solcher Treffen in der ganzen Welt. Eine Übersicht ist auf www.repaircafe.org zu finden.

>>Wenn die Leute hier sehen,
wie einfach man etwas reparieren kann,
werfen sie ein kaputtes Gerät
garantiert nicht mehr so schnell weg.<<

Spenden
RepairCafe
Vielen
Dank!

ON TOUR >>>

... IM
GEMEINSCHAFTSGARTEN

schen zwei Hochbeeten gespannt ist. Es ist nun ein weiterer Farbtupfer im Allmende-Kontor, dem größten Gemeinschaftsgarten Berlins, am Rande des Ex-Flughafens Tempelhof.

Mehr als 600 Menschen engagieren sich hier. Alte, Junge, Weiße, Schwarze. Selbstorganisiert und ehrenamtlich. Auf über 5000 Quadratmetern. Aus der Ferne sieht der Garten ein bisschen aus wie Kraut und Rüben, wie ein zusammengeschusterter Flickenteppich. Je näher man kommt, desto schöner wird er. In Hunderten Minibeeten blüht es pink, sonnengelb, blau, orange-rot-gelb. Dazwischen findet man immer wieder kleine Ruheoasen, aus Europaletten gezimmerte Bänke, Liegen und Tische.

Zwölf Frauen und Männer

jubeln, als sie auf der sonnenverbrannten Wiese ein rotes Tuch aus einem Eimer Wasser ziehen. Das Tuch haben sie mit einer getrockneten Wurzel gefärbt und es ist genau so strahlend rot geworden, wie sie es wollten. Die Wurzel stammt von Krapp, einer Pflanze, die in einem der Gemeinschaftsbeete wächst. Vor ein paar Wochen haben sie sie ausgegraben und zum Trocknen aufgehängt.

Eine befestigt nun das rotgefärbte Tuch zum Trocknen an einer blauen Schnur, die zwi-

Eine Schönfärberin

Kristin Hensel ist eine der Schönfärberinnen, so nennen sie im Allmende-Kontor die Gärtner, die sich um die Färberpflanzen kümmern und die an diesem sonnigen Sommertag Tücher färben. Vor sechs Jahren hat Kristin mit einigen anderen den kreisrunden Garten angelegt, voller alter, seltener Pflanzen mit den klangvollen Namen: Waid, Färberwau, Färbersaflor, Färberkamille, Schafgarbe, Schminkwurz und eben Krapp. Seitdem trocknet sie Wurzeln, Früchte und Blüten, färbt T-Shirts, Tücher und

Im Allmende-Kontor gestaltet Kristin nicht nur einen Garten, sondern auch ihr Leben ganz nach ihren Bedürfnissen.

Schals rot, grün, blau, pink und orange.
An diesem Sommertag zeigt Kristin anderen Gemeinschaftsgärtnern, fast alle noch weniger erfahrene Schönfärberinnen, wie man die alten Pflanzen pflegt – und wie man mit den Gewächsen Farbe auf Stoffe bringt. Kristin ist freiberufliche Modedesignerin und hat sich in den vergangenen Jahren, seit sie das Färberbeet betreut, auf das Färben mit Pflanzenfarben spezialisiert.

Als sie erklärt, welche Pflanze welche Farbe ergibt, hockt sie mitten im Färberbeet und rupft nebenbei Unkraut. Die Sommersonne brennt auf ihre helle Stirn. Die anderen hören aufmerksam zu. Ein paar Meter weiter macht eine Familie an einem Europaletten-Tisch Picknick. Auf einer Liege knutscht ein junges Pärchen. Auf einer Bank sitzen Freunde und trinken Bier.

»Ohne den Garten wäre ich nicht die, die jetzt vor euch steht«, sagt Kristin, als sie alle Pflanzen durchhat. »Ich würde sogar sagen: Ich habe hier so viel gelernt wie nirgends sonst!« Sie richtet sich auf, streckt den Rücken durch, schaut um sich, lächelt. »Ich konsu-

miere die Stadt nicht mehr wie früher«, sagt Kristin. »Der Garten hat mir gezeigt, dass ich mein Umfeld selbst gestalten kann, und zwar lebenswert für mich.«

Dieser Satz ist wahrscheinlich für viele Gemeinschaftsgärtner wahr. Für die Gärtner vom Allmende-Kontor gilt er ganz besonders.

Airport-Gardening

Als sie ihre Beete im Frühjahr 2011 auf dem Tempelhofer Feld errichteten, war die Zukunft des alten Flughafens noch ungewiss. Die Stadt plante auf der riesigen Freifläche Wohnungen zu bauen, inklusive durchorchestrierter Parklandschaft. Viele aber, allen voran die Gemeinschaftsgärtner, wollten, dass das alte Flugfeld genauso blieb, wie es war: unbebaut, leer und in der Hand der Bürger. 2014 organisierten sie ein Volksbegehren – und gewannen. Seitdem muss die Stadt nicht nur das Feld lassen, wie es ist, seitdem ist auch offiziell erlaubt, auf dem alten Flughafen weitere Gemeinschaftsgärten zu errichten.

Kristin stieß ganz am Anfang zu den Allmen-de-Gärtnern. Sie las in einem Berliner Stadtmagazin die Anzeige: »Gärten nehmen auf dem Tempelhofer Feld« und fühlte sich sofort angesprochen. Sie hatte genug vom Berliner Nachtleben und Lust auf Natur.

An dem angegebenen Termin war sie also an der vereinbarten Stelle. In ihrem großen Rucksack und in mehreren Tüten hatte sie Material für ein Hochbeet. Zehn weitere Mitstreiter waren da, mit Schubkarren, Leiterwagen, Fahrradanhängern voller Holz, Nägel, Werkzeug und Erde. Den ganzen Tag lang zerlegten sie Europaletten, zersägten Holzlatten, hämmerten und nagelten alles wieder zusammen, füllten die Konstruktionen mit Erde, säten die ersten Samen. Keine zehn Beete existierten damals, im Mai 2011. Die Gründerinnen hatten schon Wasserspeicher aufgestellt und den Zugangsschlüssel für die nächstgelegene Wasserleitung organisiert.

Als Kristin zwei Tage nach dem »Gartennehmen« zum Gießen kam, hatte sich die Zahl der Hochbeete verdoppelt. Fast jedes Mal, wenn sie danach vorbeikam, entdeckte sie neue Beete.

Grün für alle ...

Sie freundete sich mit den anderen Gärtnerinnen an. Sie bauten Bänke aus Paletten, tranken dort Bier. Fast automatisch wurde Kristin Mitglied des Orgateams. Sie organisierte Dienstpläne, damit die Wasserspeicher immer gefüllt sind. Sie diskutierte mit den anderen, welche Gemeinschaftsflächen sie brauchten, was sie in den Gemeinschaftsbeeten anbauen würden – und setzte sich im Jahr 2013 für das Färberbeet ein.

»Am Anfang dachten wir noch, dass wir uns mit den Beeten selbst versorgen würden, wir sprachen von Nahrungssouveränität und so«, erzählt Kristin. Doch alles, was sie anbauten, war immer sofort weg, sobald es reif war – die Anwohner bedienten sich in den Hochbeeten. Kurz regten die Gärtner sich darüber auf. »Aber wir haben schnell gelernt. Die Umgebung und die Leute machen den Garten erst zu dem, was er ist.«

Die Nachbarn sitzen fast jeden Abend auf den Bänken und Liegen zwischen den Hochbeeten. Fast jeden Vormittag bringen die Erzieherinnen aus den umliegenden Kitas ihre Gruppen vorbei.

... macht sich Freunde

»Die Kinder, die in unserem zauberhaften Dschungel aufwachsen, bewegen sich mal anders in der Welt«, davon ist Kristin überzeugt. »Die wissen, dass die Natur üppig ist und dass sie für uns alle genug bereithält, wenn wir sie gut behandeln.«

Sie lässt sich auf einer Bank neben einem Hochbeet nieder, gleich neben dem »Dorfplatz«, eigentlich eine Bretterbühne. Dort wird später am Abend ein mexikanisch-deutsches Trio lateinamerikanische Volksmusik spielen. Gratis. Für alle.

Ihr sucht einen Gemeinschaftsgarten in eurer Nähe?
Mehr unter: www.anstiftung.de

»Die Kinder,
die in unserem zauberhaften
Dschungel aufwachsen,
bewegen sich mal anders in der Welt.«

Nicht nur neue Freundschaften haben sich im Gemeinschaftsgarten angesiedelt, auch ein kleines Biotop ist für in der Stadt bedrohte Tiere entstanden.

>> Der Garten hat mir gezeigt,
dass ich mein Umfeld gestalten kann,
und zwar so,
dass es für mich lebenswert ist. <<

... EINSAMKEIT

Sagt mal, wann haben wir eigentlich – vor allem in der Stadt – verlernt, wirkliche Nachbarn zu sein? Das Haus, in dem ich aufwuchs, hatte eine gute Hausgemeinschaft. Was soll das sein, fragen sich vielleicht einige nun. Alle ruhig und keiner stört? Nein, man kannte sich einfach untereinander, und meine Mutter, die Hausfrau und damit viel im Haus anwesend war, hatte die Schlüssel von vielen Nachbarn. Sie schaute im Urlaubsfall nach dem Rechten und den Pflanzen. Wenn die Nachbarn unter uns ihren Hund alleine lassen mussten und wir hörten, dass dem Hund das eindeutig nicht gefiel, konnten wir ihn zu uns holen. Neben den Mülleimern wurden regelmäßig Dinge abgelegt, die zu schade für den Müll waren, oft auch mit einem Zettel versehen, von wem (und warum) die Spende kam, also nix mit anonym. Man wusste, dass man gemeinsam besser wohnte.

Früher war alles besser, oder?

Es gab auch gesellige Abende im Innenhof, und als Kind hasste ich es, wenn Mama eine Nachbarin auf dem Weg nach Hause traf, denn das hieß: warten. Die Mutter musste »auf dem Laufenden bleiben«. Andererseits war diese enge Nachbarschaft super, nicht selten spazierte ich als Kind durchs Treppenhaus und überlegte, wer jetzt mit mir spielen durfte – und läutete dort an. Viele dieser Menschen begleiten nicht nur meine Mutter, die noch dort wohnt, sondern auch mich immer noch. Als ich dann innerhalb Wiens in meine Studentinnen-WG umzog, lernte ich eine ganz andere Art des Zusammenwohnens kennen.

Ich kannte gerade mal die Nachbarin direkt neben uns, wobei selbst »kennen« übertrieben ist. Wir grüßten einander. Kennt man sich nach unzähligen »Hallos«? Ein paar Jahre später kam dann ein anderer Nachbar dazu, mit dem ich im Treppenhaus ab und zu ein paar Worte wechselte, weil wir uns mal abends in einer Weinbar um die Ecke begegnet waren. Aber viel wusste ich nicht über ihn.

Währenddessen hatten meine Eltern immer noch die Kartenspielrunden mit dem einen Nachbarspaar, die Nachbarin von unten wurde auch manchmal eingeladen. Und mir fehlte etwas. Mir war nicht wohl mit dem Gefühl, dass »zu Hause« erst bei der Wohnungstür und nicht schon bei der Haustür anfing.

Niemals kamen meine Mitbewohnerin und ich auf den Gedanken, »Hm, Bohrmaschine, vielleicht hat die einer der Nachbarn! Oder eine hohe Leiter?«. Wir organisierten uns im Freundeskreis oder kauften selbst. Die Nachbarn zu fragen, auf diese revolutionäre Idee kamen wir nie. Das waren gesichts- und geschichtslose Menschen, die man im Treppenhaus traf. Hätten wir selbst etwas daran ändern können oder müssen? Ich weiß es nicht.

Als ich in meine jetzige Wohnung umzog, änderte sich mein Nachbarschaftsleben zum Glück schlagartig: Fast alle im Haus kannten sich, man tauschte sich aus, und heute bin ich diejenige, bei der es mindestens eine Viertelstunde länger dauert mit dem Heimkommen, wenn ich jemanden im Treppenhaus treffe. Ich muss ja auch auf dem Laufenden bleiben ...

Die Nachbarn aus dem zweiten Stock können

mir helfen, wenn es um handwerkliche Geschichten geht. Letztens haben wir zu zweit an einem Gewinde gezerrt, das sich absolut nicht aufdrehen lassen wollte – am Ende waren wir siegreich (und mein Bad fast überschwemmt, aber das ist eine andere Geschichte). Der Nachbar im zweiten Stock ist wahnsinnig hilfsbereit, wenn es ums Schleppen schwerer Gegenstände geht. Zwei Nachbarn sind Ärzte, das ist auch sehr beruhigend, selbst wenn ich sie noch nie um eine Konsultation gebeten habe. Und immer wieder finde ich an meiner Tür Artikel, in denen ich vorkomme, gemeinsam mit Zetteln einer Nachbarin, wie super sie das findet. Als meine Waschmaschine kaputt war, konnte ich zu einem Nachbarn waschen gehen. Als bei einer Nachbarin mal die Therme im Eimer war, konnte sie bei mir duschen. Mit meiner direkten Nachbarin, die leider vor ein paar Jahren ausgezogen ist, teilte ich mir die Kosten fürs Internet.

Eine andere Art Wohn-Gemeinschaft

Diese Gemeinschaft ist unglaublich viel wert. Nicht nur, weil ich wieder an der Haus- und nicht erst hinter der Wohnungstür zu Hause bin. So oft habe ich schon mitbekommen, dass im Haus von Freunden die Polizei gerufen wurde, weil die Nachbarn so laut waren oder permanent bei offenem Fenster rauchten. Nie gab es erste Versuche, es direkt zu klären. Das trägt nicht gerade zur guten Stimmung bei und wer will schon ungegrüßt und angegrummelt durchs Treppenhaus nach Hause kommen?
Ich weiß, dass der Nachbar unter mir nicht wirklich ein Fan von mir ist – aber ich auch nicht von ihm, wenn er raucht und mein Schlafzimmer dann nach kaltem Aschenbecher duftet. Aber nie würde mir einfallen, deshalb externe Schritte einzuleiten. Ich bitte ihn einfach hin und wieder, die Fenster zu schließen. Macht er auch, hin und wieder.

Leute, tauscht euch aus!

Und: Man tauscht. Im Keller steht eine große Leiter, für uns alle verfügbar. Bohrmaschine inklusive Personen, die sie im Gegensatz zu mir auch wirklich bedienen können, gibt es zwei im Haus. Braucht jemand einen Hundesitter, melde ich mich gerne. Selbst, als es um das Montieren einer Lampe in meiner Wohnung ging, half mir ein Nachbar. Die Lampe funktionierte zwar nach wenigen Tagen nicht mehr, und sie tut es bis heute nicht (was definitiv an meiner Faulheit liegt) – aber ich freu mich trotzdem immer wieder, dass er mir damals dabei so schnell geholfen hat.
Doch das Allerwichtigste, jenseits von Bohrmaschinen, Leitern oder dem Backpulver, das man sich ausborgen muss, ist nicht das Tauschen an sich, es ist in meinen Augen der Austausch. Man lernt sich kennen, man weiß, wer da über oder unter, rechts oder links von einem wohnt. Und das führt dazu, dass man sich zugehörig fühlt und auch nach einem schlechten Tag im Büro ein bisschen geborgen. Wie heißt es: Beim Reden kommen die Leute zusammen. Beim Tauschen auch!

Nunu Kaller

ALLEINE MIT DEN ÖFFIS?

Muss nicht sein!

#4 Mobility

Carsharing, E-Bikes,
innovative Taxi-Apps, Lauftrends:
Wer braucht heute schon
noch ein Auto (in der Stadt)?
Aber es gibt noch viele weitere Tricks,
wie man Ressourcen teilen und
gleichzeitig wunderbar mobil sein kann …

NATÜRLICH DIE AUTOFAHRER ...

Die mobile Revolution ist längst im Gange, behaupte ich einfach, und zumindest in meinem Freundeskreis trifft das den Nagel auf den Kopf. Ein eigenes Auto hat so gut wie keiner mehr, wer doch eines besitzt, verleiht es regelmäßig und unkompliziert an die anderen. Bei längeren Strecken füllen wir jeden Platz auf, über die kostenfreie Mitfahrzentrale www.bessermitfahren.de oder über die europaweite Plattform www.blablacar.com.

Meistens jedoch benutzen wir Stadtkinder sowieso das Rad. Zum Bäcker, zur Post, zum Arzt – in der Stadt gibt es einfach kein schnelleres Fortbewegungsmittel. Im Korb und in den Satteltaschen kann man den gesamten Wochenendeinkauf verstauen – und sogar Umzüge erledigen (in Kolonne). Für größere Transporte kann man auch ein Lastenrad ausleihen, das bieten nun immer mehr kleinere Läden oder von Vereinen gesponserte Verleihbörsen an. Das erste Leihlastenrad gab es übrigens in Köln, es heißt Kasimir und wird seit April 2013 gratis verliehen.

Unser urbanes Vorbild ist Kopenhagen. Fast die Hälfte der Kopenhagener legt alle Wege, praktisch CO_2-frei, mit dem Rad zurück, Tendenz steigend. Nur neun Prozent fahren überhaupt noch Auto. Carsharing-Anbieter haben sich mangels Erfolg aus der Stadt zurückgezogen. Radfahren jedenfalls liegt auch in Berlin im Trend: Auf 1000 Einwohner kommen laut Stadt Berlin nur 324 PKW, doch 721 Fahrräder.

Gute Gründe für eine Verkehrswende gibt es genug: Ohne Autos ist die Luft sauberer, sind die Straßen leerer, ist die Stadt leiser. Autofahren macht außerdem tendenziell aggressiv, das kennt jeder. Sagen auch Verkehrspsychologen. Ihre Erklärung: Weil man in der Blechkiste abgekapselt ist und keinen Kontakt zu anderen Menschen hat. Beim Radfahren redet man zwar auch nicht unbedingt mit anderen, aber man ist den Mitmenschen trotzdem nah. Noch dazu bewegt man sich an der frischen Luft.

Da heute jeder mobil sein muss, das Auto jedoch keine umwelttechnisch vertretbare Alternative darstellt, sollten die »Öffis« kostenlos sein, fordern einige in meinem Freundeskreis.

MOBILITÄT

Münster UND **Bremen** SIND LAUT ADFC DIE *fahrradfreundlichsten* STÄDTE DEUTSCHLANDS

Mobilitätssplitting

	Rad	ÖPNV	Auto
BERLIN	13 %	27 %	16 %
BREMEN	23,4 %	16 %	36,1 %
DRESDEN	12 %	22 %	39 %
MÜNCHEN	17,4 %	22,8 %	32,5 %
WIEN	7 %	38 %	27 %

CO_2-Äquivalente (T/KOPF)
DEUTSCHLAND 2016: 9,8
EU 2016: 6,9

>> Manche fordern
kostenlosen Nahverkehr
zum Schutz der Umwelt. <<

Schwarzfahren aus Protest

Solange das nicht der Fall ist, fahren sie aus Protest ohne Ticket. Die Kosten für die Strafe teilen sie sich. Sie haben dafür, in Anlehnung an die sehr erfolgreiche Stockholmer Version P-Kassan, eine Art Versicherung organisiert: Jedes Mitglied zahlt zehn Euro pro Monat in einen Topf, daraus werden die bezahlten Strafen erstattet. Das Ganze empfiehlt sich nicht unbedingt zum Nachmachen, will man es nicht mit der Polizei zu tun bekommen. Alle bisherigen Versicherungen für ticketloses Fahren dieser Art wurden irgendwann unterbunden. In Deutschland gilt es nämlich als Straftat, öffentliche Verkehrsmittel ohne Fahrausweis zu nutzen – im Gegensatz zu der Ordnungswidrigkeit in skandinavischen Länder, wo solche selbst organisierten Versicherungen dementsprechend verbreitet sind.

In vielen deutschen Städten muss man sich aber gar nicht strafbar machen, wenn man öffentliche Verkehrsmittel gratis nutzen will, mancherorts kann man bestimmte Tickets ganz legal mit anderen teilen.

Segler übrigens wenden das Prinzip »Teilen statt Kaufen« seit mehr als hundert Jahren an, in Eignergemeinschaften und in Vereinen teilt man die Nutzung der Boote. Man könnte fast sagen: Segelclubs sind der Prototyp der geteilten Mobilität. Offizielle Segler-Mitfahrerzentralen funktionieren bisher in der Schweiz: sailcom.ch und sailbox.ch. SailCom ist vor mehr als 20 Jahren aus einer Car-Sharing-Gemeinschaft entstanden, Sailbox hat später das Prinzip kopiert. Manchmal muss man einfach nur Altes wiederentdecken.

Legal ohne eigenes Ticket fahren kann man je nach Regeln der Verkehrsbetriebe. Die Buttons des NaturFreunde Berlin e.V. erleichtern die Suche nach »Öffi«-Partnern.

Mach was!

AUF DEMSELBEN WEG ANS ZIEL

Geteilte Mobilität hat häufig auch etwas mit dem eigenen Portemonnaie zu tun – hier darf man also ruhig auch mal egoistisch rangehen und sich einfach über das gesparte Geld freuen. Und gleichzeitig darüber, dass man der Umwelt nicht zur Last gefallen ist. Fahrgemeinschaften schaffen außerdem Raum für neue Begegnungen und reduzieren den Verkehr. Klar, man muss ein bisschen mehr planen, als wenn das eigene Auto stets abfahrbereit vor der Tür stünde. Aber es ist unkomplizierter als gedacht – und in jedem Fall preiswerter.

Mitfahrer gesucht

www.Blablacar.com ist die größte Plattform, um Mitfahrgelegenheiten zu finden. Sie funktioniert europaweit, man findet sogar Fahrten von Berlin nach Barcelona oder von Zürich nach Athen. In Deutschland gibt es darüber hinaus den Anbieter *www.fahrgemeinschaft. de*. Die nicht kommerzielle Alternative ist *www.bessermitfahren.de*, bei der die Anbieter keine Gebühren für die Vermittlung zahlen. Nachbarschaftsnetzwerke sind ein guter Platz, um Mitfahrer für Fahrten in die nähere Umgebung zu finden. Auf *www. pendlernetz.de* finden Pendler passende Angebote. In Österreich sind alle Mitfahrbörsen verzeichnet auf *www.pendlerinitiative. at/fahrgemeinschaften*, in der Schweiz auf *www.mitfahrangebot.ch*.

Kostenloser Nahverkehr, ganz legal

Auch Fahrten mit der Bahn oder im öffentlichen Nahverkehr kann man teilen – und so Geld sparen. Die meisten öffentlichen Verkehrsbetriebe wie auch die Bahn bieten Tickets an, auf die man andere Mitfahrer mitnehmen kann. Verabreden kann man sich über eine Webseite, in speziellen Gruppen in sozialen Netzwerken und in Nachbarschaftsnetzwerken.
www.ticketteilen.org

> Weiterlesen auf Seite 124

Mein Auto ist dein Auto

Wer nicht aufs eigene Fahrzeug verzichten will, hat heute so viele Möglichkeiten wie nie. Vor allem in den europäischen Großstädten gibt es zahlreiche Anbieter von Carsharing-Modellen. Auf *www.drivy.de* kann man sich das Auto eines Privatmenschen für längere Zeit leihen (unkomplizierte Versicherung und Vertrag bietet die Plattform). Günstiger und netter ist es, mit Nachbarn ein Auto zu teilen. In Nachbarschaftsnetzwerken findet man die Leute dazu.
www.bessermitfahren.de
www.nebenan.de

> Weiterlesen auf Seite 128

ON TOUR >>>

... MIT EINEM TICKETTEILER

Marius Brey, 21, klebt gerade einen Sticker an den Ticketautomaten am Berliner S-Bahnhof Heidelberger Platz – darauf der Schriftzug: »Ticketteilen.org«. Da spricht ihn eine junge Frau an: »Nimmst du mich mit?« Erstaunt dreht er sich um. So schnell ging's nun wirklich noch nie. Er lacht: »Klar!«

Der junge Mann trägt an seinem T-Shirt einen Button mit demselben Motiv wie auf dem Sticker. Er ist an diesem sonnigen Samstagnachmittag mit einer Umweltkarte der Berliner Verkehrsbetriebe unterwegs.

»Die Umweltkarten beinhalten die Mitnahme von einem Erwachsenen und bis zu drei Kindern von sechs bis einschließlich 14 Jahren, montags bis freitags ab 20 Uhr sowie samstags, sonntags sowie an gesetzlichen Feiertagen.«

So heißt es ganz offiziell in den Beförderungsrichtlinien der Berliner Verkehrsbetriebe: Teilen ist also ausdrücklich erlaubt.

Die junge Viktoria hat gleich verstanden, was genau Marius anbietet. Und das kommt ihr gelegen: Sie will zum Tempelhofer Feld, das gute Wetter ausnutzen. Deshalb hat sie sich spontan mit Freunden zum Picknick verabredet. Nur hat sie nun ausgerechnet ihr Portemonnaie mit dem Studententicket und dem Kleingeld zu Hause vergessen. Zum Glück ist der kulinarische Teil mitgekommen! Viktoria erklärt Marius ihre missliche Lage: »Ich hab gerade überlegt: Geh ich jetzt den ganzen Weg noch mal zurück, komme unsäglich zu spät oder lass ich es drauf ankommen? Und dann habe ich dich gesehen!« Rettung in letzter Minute also. Marius ist mit einem Kumpel in Friedrichshain verabredet. Passt perfekt: Fünf Stationen nimmt er sie einfach mit.

Als sie schließlich in die S-Bahn steigen, sieht es schon so aus, als würden sich die beiden

Ein geteilter Weg lädt auch zum Quatschen ein …

ewig kennen. Sie reden, reden, reden. Über die Uni. Über ihre Pläne, am Abend und für das Leben, so im Großen und Ganzen.

Langzeitziel: kostenfreier Nahverkehr

Marius studiert Politikwissenschaften und hat deswegen auch eigentlich »nur« ein Semesterticket. Aber so oft es geht, leiht er sich die Umweltkarte seiner Kollegen bei den NaturFreunden Berlin, wenn die im Urlaub oder übers Wochenende nicht da sind. Er jobbt neben dem Studium als Kampagnenkoordinator dort. Die NaturFreunde sind eine Umweltbewegung, die auch die »Ticketteilen«-Aufkleber und Buttons entworfen hat. Und kostenlos zur Verfügung stellt. Langzeitziel der Aktion ist ein kostenfreier öffentlicher Nahverkehr.

Kurzfristig soll damit die Solidarität im Alltag gepusht werden.

Die NaturFreunde gründeten sich Ende des 19. Jahrhunderts als »touristische Selbsthilfeorganisation der Arbeiterbewegung«. Sie kämpften gegen die Privilegien von Adel und Bürgertum, bauten gemeinsame Urlaubshäuser auf dem Land, organisierten Ausflüge, kämpften für gleiches Wahlrecht. Fahrkarten oder »normaler« Urlaub waren für einfache Arbeiter praktisch unerschwinglich.

Marius, der schon ein Freiwilliges Soziales Jahr bei den NaturFreunden gemacht hat, findet, dass heutige Zeiten keineswegs besser sind. »Freunde von mir, die geflüchtet sind oder von Hartz IV leben, können sich die BVG einfach nicht vom Sozialsatz leisten«, sagt er. »Wenn wir uns treffen oder gemeinsam feiern wollen, kommen sie deshalb auch mal ohne gültiges Ticket zum Ziel.«

»Wir müssen solidarisch sein!«

Er will etwas tun gegen so eine Klassenteilung, gegen diese Art von Ausgrenzung. Regelmäßig stellt er sich zu den Stoßzeiten ans Ostkreuz, ans Westkreuz, an den Alexanderplatz und verteilt Flyer und Buttons mit dem Schriftzug »Ticketteilen«. Geduldig erklärt er das Prinzip. Und sagt jedes Mal: »Wir müssen solidarisch sein.« Die meisten Leute finden das super, nehmen gleich Buttons und Flyer für Freunde, Bekannte und Kollegen mit.

Wann immer Marius kann, wird er selbst zum Ticketteiler. Sein Handy holt er dann nicht aus der Hosentasche, er blickt lieber offen in die Gesichter der Mitfahrer. Er ist aufmerksam und immer bereit, auf die stumme Frage zu reagieren, ob jemand ohne Ticket unterwegs sein könnte – vor allem, wenn es kurz vor knapp ist und ein Kontrolleur einsteigt. Er hat schon mitgenommen: eine irakische Familie, die am Ticketautomaten aufgeregt und erfolglos Kleingeld zusammensuchte. Einen älteren Herrn,

der sichtlich nervös wurde, als drei Kontrolleure einstiegen. Eine Dame, die lange konzentriert am Bahnsteig auf seinen Button gestarrt hatte – und die von Hartz IV lebte und kaum mit dem Geld zurechtkam, wie sie ihm dann erzählte. Außerdem mehrere junge Leute, die er am Automaten einfach angesprochen hat und denen er Flyer und Buttons in die Hand drückte: Damit viele neue Freunde mit Umweltkarten von der Aktion wissen.

An diesem heißen Sommernachmittag muss er zum ersten Mal in seiner Laufbahn als Ticketteiler gar nicht selbst aktiv werden. Viktoria hatte schon von der Kampagne gehört. Freunde von ihr, die einen Kiezladen in Friedrichshain betreiben, haben bei den NaturFreunden sogar schon mal eine Kiste mit kostenlosen Buttons, Plakaten und Flyern bestellt. Sobald sie nicht mehr studiert und sich selbst eine Umweltkarte leistet, will sie auch den Button tragen.

Bevor sie aussteigt, gibt sie Marius noch schnell ihre Handynummer. »Melde dich, wenn ihr das nächste Mal Infos verteilt und noch Leute braucht. Ich bin dabei!«

»Zusammen fährt man weniger allein.«

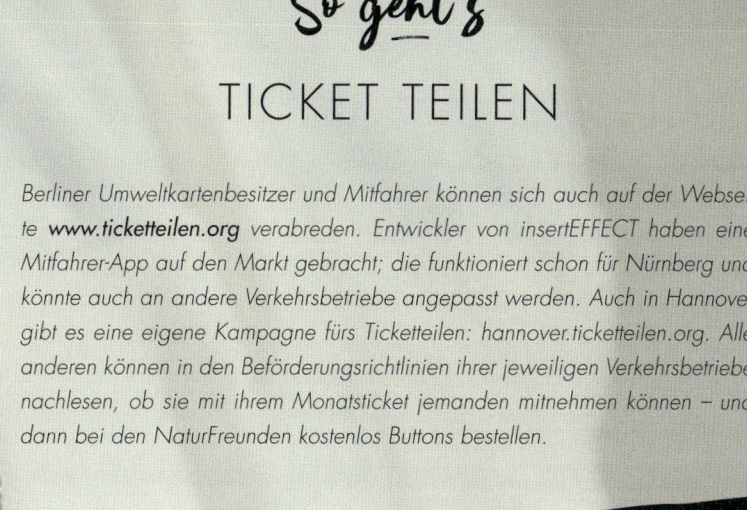

So geht's

TICKET TEILEN

Berliner Umweltkartenbesitzer und Mitfahrer können sich auch auf der Webseite **www.ticketteilen.org** verabreden. Entwickler von insertEFFECT haben eine Mitfahrer-App auf den Markt gebracht; die funktioniert schon für Nürnberg und könnte auch an andere Verkehrsbetriebe angepasst werden. Auch in Hannover gibt es eine eigene Kampagne fürs Ticketteilen: hannover.ticketteilen.org. Alle anderen können in den Beförderungsrichtlinien ihrer jeweiligen Verkehrsbetriebe nachlesen, ob sie mit ihrem Monatsticket jemanden mitnehmen können – und dann bei den NaturFreunden kostenlos Buttons bestellen.

je, kaum?«, fragt Hannah und lacht. »Du musst nur regelmäßig den Stand des Kühlwassers und die Temperatur kontrollieren«, sagt Ruben. Ein wenig Umsicht also – das lässt sich wohl machen. Dann gibt er Hannah den Schlüssel und eine Kopie des Fahrzeugscheins. »Gute Fahrt! Wegen Schlüsselrückgabe: Melde dich einfach, wenn du wieder da bist.« – »Du bist großartig!« – »Ach, ich freue mich, wenn der Wagen nicht sinnlos herumsteht und ihn immer mal jemand bewegt.«

Generation mobil 2.0

Hannah hat gleich mit 18 Jahren ihren Führerschein gemacht. Sie ist in einem Dorf in Sachsen groß geworden, ohne Bahnstation und mit seltenen Busverbindungen. Da waren die Fahrstunden ein ersehntes Muss. Einen eigenen Wagen hat sie aber nie besessen. Zunächst nutzte sie das Auto der Mutter, während des Studiums das ihrer Schwester. Als sie nach Hamburg zog, um bei einer Beratungsfirma anzufangen, suchte sie zum ersten Mal aktiv nach einer Fahrgemeinschaft. Also eher gesagt nach jemandem, der seine Autonutzung mit ihr teilen würde. Ein eigenes Auto würde sie zurzeit nicht häufig genug nutzen – für einen kleineren Wagen muss man schließlich schon, ohne Anschaffungskosten, mindes-

Als Ruben ihr von seinem Balkon aus den grauen Wagen an der Straßenecke zeigt, ist Hannah erleichtert. Er hatte immer von einem »Bus« gesprochen. Sie hatte sich dementsprechend ein ungelenkes Gefährt vorgestellt, mit dem sie in ihren engen Straßen stundenlang einen Parkplatz suchen würde. Der dann doch nicht lang genug wäre. Aber das Auto ihrer neuen Fahrgemeinschaft ist glücklicherweise ein gemütlicher Oldtimerbus mit viel Platz für Abenteuerausflüge.

»Fährt sich super«, sagt Ruben munter, »ist zwar alt, macht aber kaum Probleme.« – »Oh

Stadt fuhr und 20 Euro, wenn es weiter weg ging. Rückgabe mit vollem Tank, selbstverständlich.

Dann geschah das, was vielen passiert: Die Besitzerin löste die Vereinbarung auf, nachdem der Wagen bei ihr einmal nicht gleich startete. Sie fürchtete nämlich, viele unterschiedliche Nutzer könnten das Auto zu sehr beanspruchen. Sie selbst wollte nicht irgendwann in der Pampa liegen bleiben, nur weil sie ihr Auto ein paarmal verliehen hatte. Dass sich so ein Gebrauchsgegenstand natürlich auch abnutzt und regelmäßig gewartet werden muss, ist die andere Seite des Themas privater Autoverleih.

Schnäppchen: 25 Cent/Kilometer

tens die 2000 Euro jährlich für den Unterhalt rechnen, so schätzen gängige Versicherungsportale im Internet. Sie fand schließlich über ein paar Ecken eine junge Frau in der Nachbarschaft, die ihr Auto nur selten benutzte und Mitfahrer suchte. Fast ein Jahr lang konnte sie sich den Wagen von der Nachbarin regelmäßig leihen, im Schnitt zweimal im Monat.

Sie fuhr häufiger zu ihren Eltern, die noch immer in dem kleinen Dorf in Sachsen leben. Sie machte mit Freunden Ausflüge, an die Nordsee, nach Bremen oder ins Alte Land. Manchmal lieh sie sich das Auto sogar auch, wenn ihr der Routenplaner anzeigte, dass sie eine bestimmte Strecke schneller mit dem Auto zurücklegen konnte als mit den Öffentlichen Verkehrsbetrieben. Sie zahlte für ihre Nutzung zwölf Euro am Tag, wenn sie das Auto in der

Hannah machte sich also wohl oder übel wieder auf die Suche. Über die Nachbarschaftsplattform www.nebenan.de fand sie dann schließlich Ruben. Er lebt gleich um die Ecke in einem gemeinschaftlichen Hausprojekt, 15 Mitbewohner teilen sich dort fünf Wohnungen und den »Bus«. Da die meisten aber sowieso nur mit dem Fahrrad oder zu Fuß unterwegs sind, steht der häufig ungenutzt rum. Pro Kilometer zahlt Hannah jetzt sogar nur 25 Cent, Benzin inklusive.

Spontan geht immer!

Hannah würde gern mit ihrem Freund am Samstag zum See fahren und vielleicht auch draußen übernachten, hatte sie Ruben am Freitagnachmittag geschrieben, Ob sie das Auto übers Wochenende ausleihen kann? Die Antwort kam prompt: Kein Problem, fürs Wochenende habe sich noch niemand angemeldet. Am besten komme sie gleich vorbei.

»Jetzt, da wir das Auto schon haben – wieso fahren wir eigentlich nicht gleich los für einen abendlichen Sprung ins kühle Wasser?«, fragt Hannah ihren Freund, als sie mit dem Schlüssel in der Hand zurück nach Hause kommt. Die beiden packen also fix ihre Handtücher und Badesachen ein, füllen noch schnell die Kühltasche mit Obst und einer Flasche Weißwein – und los geht's ins Grüne.

Bevor Hannah Ruben fand, hat sie sich ab und zu über die Plattform www.drivy.de ein Auto gemietet, dort verleihen Privatleute ihren Wagen an Privatleute. Das klappte gut. Vor allem, weil es feste Vereinbarungen und Versicherungen über die Plattform gab. Trotzdem: »Ich finde es einfach angenehmer, nicht erst den Umweg übers Internet gehen zu müssen, sondern direkt mit Menschen zu reden, mit denen ich auch schon ein Vertrauensverhältnis habe«, sagt Hannah. »Ich bin gern spontan. Wenn es auf dem Land oder bei meinen Eltern schön ist, bleibe ich auch mal einen Tag länger.« Der Fahrgemeinschaft muss sie dann nur eine kurze SMS schreiben und nicht umständlich Formulare ausfüllen.

Fotos S. 130/131: © drivy

drivy

>>Ob bei drivy° per App oder direkt vom Nachbarn: Hauptsache, das Auto steht nicht ungenutzt herum!<<

Zu Besuch in
BARCELONA: DIE SMART-CITY-VISION

Wer durch Barcelona spaziert, der ahnt nicht auf den ersten Blick, dass die Stadt immer wieder unter den Top Ten der sogenannten Smart Citys rangiert. Dabei liegt sie häufig sogar noch vor New York und London. Doch ob im mediterranen Strandviertel Barceloneta mit den kleinen Fischrestaurants oder in der gotischen Altstadt mit den Hunderten von durchströmenden Reisegruppen, noch scheinen die Urlauber die Stadt fest in ihrer Hand zu haben. Noch staut sich überall der lärmende Verkehr, ist die Meeresluft dieselschwer.

Daten sind das neue Gold

Kann Barcelona nur mit dem Titel »Smart City« alle urbanen Probleme lösen? Nein, die Stadt nutzt ganz einfach digitale Technologien, um den städtischen Raum grüner, effizienter und sozial inklusiver zu gestalten. Sprich: lebenswerter. Wie soll man sich das vorstellen? Nun, sowohl Bürger als auch Unternehmen können mit der Stadtverwaltung kooperieren und Informationen sammeln. Daten sind das neue Gold. Zum Beispiel können per App Daten über die tägliche Fortbewegung im Verkehr an Datenbanken überspielt werden. Diese sind öffentlich zugänglich, die Daten selbst natürlich anonymisiert. Der Gedanke hinter dieser Art von »Sharing«: Jeder soll an der lebenswerten Stadt der Zukunft transparenten Anteil haben und mitarbeiten können.

Mathematiker der Universitat Politècnica de Catalunya haben dank solcher Datensätze zum Beispiel herausgefunden: Um den Verkehrsfluss zu ermitteln, benötigt man Daten von nur etwa zehn Prozent aller Fahrzeuge, die gerade am Stadtverkehr teilnehmen. Werden diese Informationen dann an die Verkehrsleitzentrale übermittelt, lässt sich der momentane Verkehrsfluss und die Luftverschmutzung in der Stadt schnell und zuverlässig abbilden.

BCN ECOLOGIA

Agència d'Ecologia Urbana de Barcelona

Wie willst du heute mobil sein?

Hier kommt jetzt eine Nutzungsmöglichkeit für den Bürger ins Spiel. Die immer zeitnah gesammelten Daten über den Verkehr sollen an Navigationsgeräten überspielt werden. Die lotsen den Nutzer dann effizient, umweltschonend und sauber durch die Stadt. Sind zum Beispiel in bestimmten Straßen zu viele Autos unterwegs oder ist dort die aktuelle Luftverschmutzung zu hoch, werden alternative Routen angeboten. Über die Verkehrsleitzentrale kann auf viel befahrenen Straßen zu Stoßzeiten auch die Grünphase der Ampeln angepasst werden. Apps sollen für jede Route den optimalen Mobilitätsmix zusammenstellen. Dann kann jeder entscheiden, wie er unterwegs sein möchte: ökonomisch optimal, schnellstmöglich oder lieber ökologisch und ressourcenschonend?

Einsatzmöglichkeiten dieser Big-Data-Sätze sind etwa übergreifendes Parkplatzmanagement, Müllabfuhrrouten, automatisierte Bewässerung von öffentlichen Grünanlagen … Das setzt natürlich voraus, dass auch viele ihre Daten teilen wollen. Nicht nur, weil in Barcelona viele Daten erfasst und zur Verfügung gestellt werden, ist die Stadt ein ideales Laboratorium. Sie entwickelt sich außerdem ähnlich wie die meisten Großstädte in Industrieländern: Die Bevölkerung wächst, vor allem junge Menschen ziehen zu.

Und die neuen Bewohner sind bereit für andere Verkehrskonzepte. Viele fordern sie sogar. Marktanalysen des katalanischen Hochschul-Start-ups Creafutur zum mobilen Leben in Barcelona, erstellt ebenfalls mit Big-Data-Sätzen, machen deutlich: Die allermeisten Menschen zwischen 20 und 40 Jahren wollen wenig Geld für Mobilität ausgeben. Viele sind bereit, ein wenig mehr zu zahlen als für öffentliche Verkehrsmittel. Aber es muss immer noch deutlich günstiger sein als ein eigenes Auto. Die meisten möchten sich vor allem flexibel und schnell fortbewegen und im besten Fall auch noch umweltfreundlich. Sharingkonzepten stehen fast alle sehr offen gegenüber. Mit dem Auto durch Barcelona zu fahren wird durch die Stadtplanung in jedem Fall nicht länger gefördert.

Katalanische Analysten haben daraus eine Vision entworfen: Pendler fahren mit dem Fahrrad bis zum nächstgelegenen Bahnhof, eine Art Mobilitätsknotenpunkt. Dort fahren Züge, Busse und Fahrgemeinschaften, dort sind auch Elektroautos zum Leihen stationiert. Von da geht es zu dem Mobilitätsknotenpunkt, der dem jeweiligen Arbeitsplatz am nächsten liegt. Die letzten Kilometer legen wieder alle mit dem (Leih-)Rad oder zu Fuß, idealerweise durch verkehrsberuhigte Superblocks, zurück.

Superidee: Superblocks

Superblocks lassen sich vor allem in Barcelona mit seinem schachbrettartigen Straßenbau relativ einfach realisieren. In diesen Zonen darf nur noch mit Genehmigung (als Anwohner oder Lieferant) mit 10 km/h Geschwindigkeit gefahren werden. Damit diese »smarte« Vision Wirklichkeit wird, müssen natürlich auch Politik und Verwaltung handeln.

Die Stadtplaner in Barcelona reagieren auch bereits auf die Erkenntnisse aus den Datenanalysen. Man will Autos langfristig aus dem Innenstadtverkehr drängen, mit Einfahr- und Parkverboten. Schon jetzt dürfen auf vielen Straßen nur Anwohner oder Lieferanten fahren. Für Elektroautos sollen die Fahrverbote nicht gelten, die werden sich in Barcelona erstmal weiter frei bewegen können.

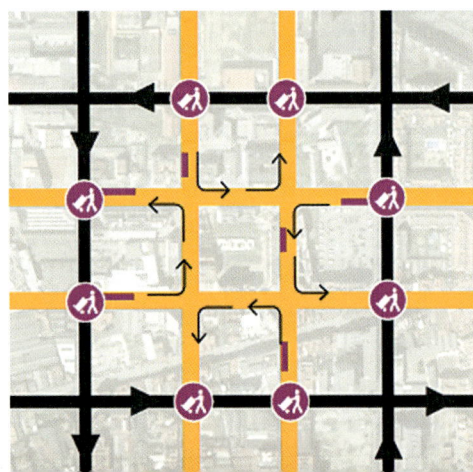

So geht's

SMART CITY

Barcelona, London und New York sind es, München macht mit den Partnern Wien und Lyon seit 2016 mit: Unter dem Begriff Smart City vereinen sich alle Bestrebungen von Stadtplanern, schon bestehende Netzwerke mithilfe von digitalen Technologien besser zu analysieren. Aus den Daten wollen die Forscher dann umweltschonendere, effizientere und lebenswertere Mobilitätsstrategien entwickeln. Das Ganze wird von der EU gefördert. Eine Smart City umfasst folgende Zielsetzungen:

- Mobilität im urbanen Raum, nachhaltig geplant (im kleinen Rahmen etwa Ladestationen für E-Cars)

- nachhaltig renovierte oder geplante Stadtteile, etwa mit Niedrigenergiehäusern

- integrierte Infrastruktur, wie etwa intelligente Laternenmasten oder Verteilerstationen für Güter

- Dabei sollen die Bürger nicht nur transparent über die Aktionen informiert, sondern am besten aktiv in die Planung integriert werden.

... UNSOZIAL

In Sachen Mobilität musste ich ehrlicherweise lange überlegen, was ich schreibe. Einerseits gibt es in den meisten größeren Städten bereits tolle Entwicklungen, von Mietautos, die man einfach »holen« kann, wo man sie auf der Straße sieht, über Leih(lasten)fahrräder und (teils auch mit Strom betriebene) Leihscooter. Ich muss jedoch gestehen: Ich habe noch keines dieser Angebote ausprobiert. Weil ich immer ein eigenes Fahrrad hatte. Diesen Elektroscootern, so bequem, wie sie daherkommen, traue ich ehrlich gesagt nicht so ganz über den Weg. Ich halte sie für unsicher – man kann mit relativ hoher Geschwindigkeit dahinbrettern, ein Unfall an einer Kreuzung ist da schnell passiert. Plus: Ich lebe in einer Stadt, die nicht nur ein sehr gutes, sondern auch ein sehr günstiges öffentliches Verkehrssystem hat, das wir hier liebevoll die »Öffis« nennen. Die nächste U-Bahn-Station liegt ums Eck von meiner Wohnung. Obwohl ich an sich recht gern Auto fahre, hasse ich es in der Stadt. Sicher, häufig kommt man schneller und bequemer von A nach B als mit dem Fahrrad, aber all die gewonnenen Minuten gehen unter Garantie für die Parkplatzsuche drauf.

Mobility auf dem Dorf

Ich weiß, dass es vielen Lesern und Leserinnen nicht so geht. Kaum verlässt man den »urbanen Raum«, ist man auf ein Auto oder auf die öffentlichen Busse angewiesen, die vielleicht nur einmal die Stunde anrollen. Und eines der schicken Mietautos wird wohl auch nicht zufällig vorm Gartentor stehen. Was soll ich extra für dieses Kapitel Systeme ausprobieren, die einem großen Teil der Leser und Leserinnen nicht mal zur Verfügung stehen ... Also eine Lobhudelei auf die »Öffis«, eine Liebeserklärung an die U-Bahn? So weit geht meine Liebe dann doch nicht ... Und über geteilte Fahrräder zu schreiben, wenn ich doch seit zehn Jahren auf meinem eigenen geliebten Drahtesel sitze, wäre dann auch irgendwie unehrlich.

Auch mal schön: Schusters Rappen

Doch dann kam mir ein Gedanke: Ich ging ein paar Tage sehr bewusst zu Fuß durch die Gegend. Abgesehen von der beachtlichen Entschleunigung meiner Tage (man muss für seine Wege und Termine einfach mehr Zeit einplanen, und das regelt den Tag ganz neu, anders und auch angenehm – beim Gehen hat man Zeit für sich. Wenn man sie hat ...), wurde ich einfach aufmerksamer. Und achtete mal an jeder Ampel auf die vorbeifahrenden Autos. In fast jeder dieser dicken, tonnenschweren Alukisten saß eine einzelne Person drin. Unzählige Autos, alle mit dem Kennzeichen der Stadt, gestresste Menschen auf dem Weg zur Arbeit, zum Einkaufen oder nach Hause. Dass man alleine im Auto sitzt, ist ein nicht wegzudiskutierender Fakt. In den USA gibt es bereits Autospuren auf der Autobahn, die man nur befahren darf, wenn mindestens zwei Personen im Auto sitzen. Anfang 2018 wurde in Deutschland die Zahl 1,46 veröffentlicht: Das ist die durchschnittliche Besetzung von PKWs auf deutschen Straßen. Das ging aus der Antwort der Bundesregierung auf eine Kleine Anfrage der Linken-Fraktion hervor. Dieser Besetzungsgrad ist seit zehn Jahren unverändert.

Schon alleine aus Klimaschutzgründen sollte sich hier was ändern. Denn es ist doch bitte absurd, dass man alleine in einem Auto sitzt, das die Luft verpestet, wenn man diese Umweltbelastung auch teilen oder sogar dritteln oder vierteln könnte. Oder – wie skandalös! – wenn man aufs Auto überhaupt verzichtet?

Lonesome Rider

Außerdem ist es ... einsam! Sicher, auf so manche Interaktion in den »Öffis« würde ich auch oft gern verzichten (erst gestern durfte ich die Hand eines mir unbekannten Mannes unvermittelt auf meinem Hintern spüren und war mehr als nur perplex über diese Dreistigkeit). Ganz abgesehen von den Gerüchen ... Im Großen und Ganzen bedeutet geteilte Fortbewegung im öffentlichen Raum jedoch auch Interaktion mit anderen. Und das ist wichtig. Wir sollten nicht vergessen: Wir Menschen sind soziale Wesen, selbst wenn man das in der heutigen egozentrischen Zeit nicht auf Anhieb erkennen kann. Wer ganz allein im Auto hockt, kriegt außer dumpfer Radioberieselung nichts mit, schließt sich selbst aus. Wer sich täglich zur Rush Hour in die U-Bahn presst, ist zwar vielleicht hin und wieder verständlicherweise genervt, hat aber sicherlich einen besseren Eindruck vom »gemeinen Volk« als so mancher Politiker in seinem Dienstfahrzeug ... Das heißt nicht, dass man nicht auch hin und wieder im Sinne der geistigen Gesundheit für sich alleine sein sollte – der Life At Home Report (Ikea) hat sogar ergeben, dass Menschen fürs Alleinsein neben den eigenen vier Wänden vor allem das Auto bevorzugen. Aber um

allein zu sein, sorry, gibt es wirklich umweltschonendere (und gesündere) Varianten, als sich ins Auto zu setzen.

Seit ich bewusst darauf geachtet habe, wie viele Menschen allein im Auto sitzen, fallen mir viele weitere Dinge auf: Kinder, die nicht mehr selbst in die Schule gehen, sondern von den Eltern mit dem Auto vor dem Schultor abgeliefert werden, inklusive Stau in der jeweiligen Straße – und in weiterer Folge Schulen, die morgens und mittags die ganze Straße sperren lassen, damit genau das nicht mehr passiert. Große Straßen, die in der Erinnerung meiner Kindheit immer sehr lebendig waren, und auf denen sich nun kaum noch Fußgänger finden, sondern nur noch Autokolonnen.

Just do it!

Diese Beobachtungen machen mich traurig. Aber sie zeigen mir auch: Hey, Teilen ist so viel mehr als Ressourcenschonung. Teilen muss man einfach mal ausprobieren. Teilen ist interagieren, Teilen funktioniert nur miteinander, Teilen macht höchstwahrscheinlich und auf jeden Fall für mich sogar weniger einsam. Teilen ist schlicht und einfach sozial. Schön, dieser Gedanke, oder?

Nunu Kaller

LIEBER ZUSAMMEN WOHNEN!
Mehr Spaß, mehr Kohle, mehr Freunde!

#5 Living

Wohnst du noch oder lebst du schon?
Mein Haus, mein Auto, meine Yacht:
Sind diese Konzepte aus der Altherrenrunde
nicht längst überfällig für eine Verjüngungskur?
Und dabei gibt es so viele interessante
neue Wohnkonzepte,
vom Mehrgenerationenhaus
bis zur WG der Berufstätigen.

MY HOME IS YOUR CASTLE

Auch beim Wohnen gilt: Wer teilt, ist glücklicher. Laut Studien sind Singles jedenfalls viel eher gefährdet depressiv zu werden und zu verarmen. Und trotzdem: Immer mehr Menschen in Europa wohnen alleine. In Deutschland ist es gerade jeder Fünfte, und wenn der Trend so weitergeht, wird es im Jahr 2030 sogar jeder Vierte sein. Die Alleinlebenden sind nicht etwa alte Witwen. Fast ein Fünftel ist unter 30 und gerade der Anteil der Jungen wächst. Dabei gibt es so viele gute Gründe fürs Zusammenleben:

Zusammen ist's günstiger

Der Wohnungsmarkt ist in vielen Städten einfach nur noch zum Ärgern. Die Mieten steigen endlos. Im Schnitt fließt in Deutschland ein Drittel unseres Einkommens in die Wohnung, bei Singles liegt der Anteil sogar bei 40 Prozent, Tendenz steigend. Im gemeinsamen Wohnraum dagegen verbraucht man weniger Strom (etwa, weil Kühlschrank, Geschirrspüler und Waschmaschine besser ausgelastet sind), kauft weniger (zum Beispiel Haushaltsgeräte) und heizt im Winter weniger.

Wenn wir uns an unserem Umfeld reiben,

entsteht nicht nur Wärme, sondern auch Wissen, Erfahrung, Weisheit. Alles Dinge, die uns ein ausgefülltes und glücklicheres Leben bescheren. Auch das belegen Studien. Wenn wir viel Zeit mit anderen verbringen, sind wir nicht nur zufriedener und ausgeglichener, sondern auch produktiver und kreativer. Ältere Menschen, die in Wohnprojekten zusammenleben, werden viel seltener krank und müssen erst später in Pflegeheime verlegt werden als jene, die alleine leben.

Das Korrektiv

Konflikte bleiben beim Zusammenleben nie aus. Mal ehrlich, wer hat noch nicht mit jemandem darüber gestritten, wer jetzt dran ist, den Müll runterzubringen? Aber Auseinandersetzungen müssen nicht schlimm sein. Im Gegenteil. Man lernt sich zurückzunehmen,

ZUSAMMEN WOHNT MAN WENIGER ALLEIN

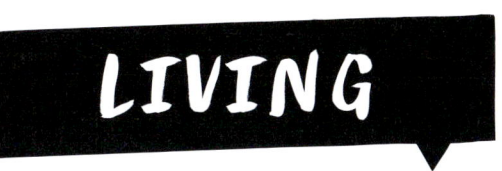

LIVING

RUND **17 %** DER HAUSHALTE VERWENDETEN MEHR ALS **40 %** IHRES MONATLICH VERFÜGBAREN EINKOMMENS FÜR MIETKOSTEN.

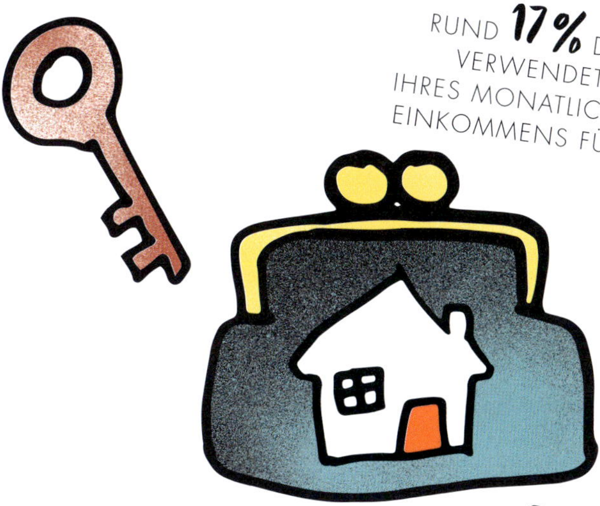

Immer mehr Leute wohnen allein (41 % IN DEUTSCHLAND), BEANSPRUCHEN ABER MEHR WOHNRAUM.

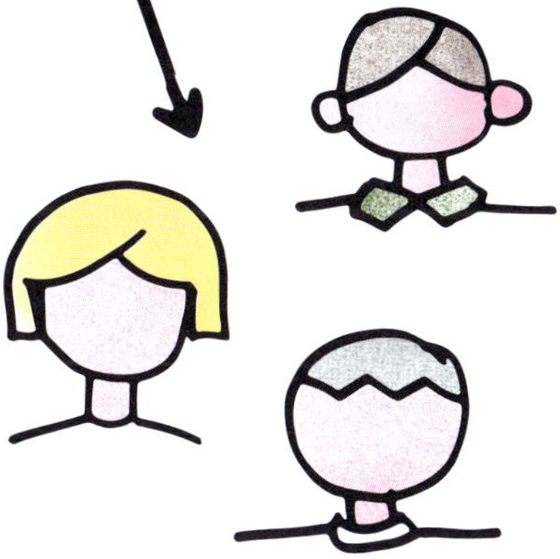

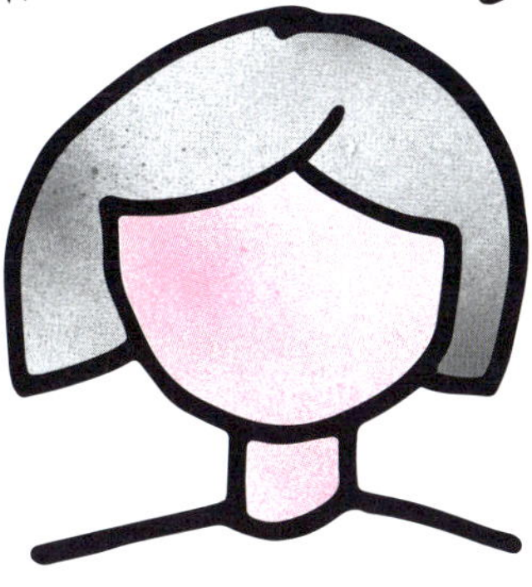

ZWEI DRITTEL ALLER WOHNGEBÄUDE SIND **Einfamilienhäuser**. IN 22 % VON 37,6 MIO. PRIVATHAUSHALTEN LEBEN AUSSCHLIESSLICH SENIOREN (65+)

übt und lebt ganz nebenbei Demokratie und Solidarität im Kleinen.

Erfahrungen von Hausprojekten zeigen tatsächlich: Wer sich regelmäßig mit anderen über gemeinsame Bedürfnisse und Ziele verständigt, der entwickelt ein politisches Bewusstsein, der übernimmt Verantwortung für die Gesellschaft, der will auch an größeren Kontexten teilhaben. Und wer das Gefühl hat, in seinem Umfeld und in seinem Leben etwas ändern zu können, ist ausgeglichener. Psychologen sprechen hier von Selbstwirksamkeit und einige sind davon überzeugt, dass auch das ein Grundbedürfnis des Menschen ist.

WG ade? Von wegen!

Viele von uns haben sich natürlich sowieso längst mit ihrem Partner oder mit der Familie eingerichtet. Aber neben diesem klassischen Modell gibt es viele weitere Formen des Zusammenlebens. Wie wahrscheinlich viele erinnere ich mich zuallererst an meine Wohngemeinschaft aus der Studentenzeit. Und ja,

auch bei mir kommen da unterschiedlichste Erinnerungen hoch – an Putzpläne, schmutziges Geschirr im Waschbecken, spontane Mitternachtspartys in der Küche.

Gemeinschaft: individuell

Meine Berliner Freunde, die noch oder wieder in Wohngemeinschaften leben, sagen, solche Erfahrungen seien nicht repräsentativ. Tatsächlich klingen ihre Erzählungen vom WG-Alltag in den allermeisten Fällen ganz anders als meine Erlebnisse. Sie sprechen regelmäßig zu festen Terminen mit ihren Mitbewohnern über das Miteinander, darüber, was sie sich wünschen, was anders laufen soll, respektieren die Wünsche und Bedürfnisse der anderen. Wie das perfekte Gleichgewicht aus Einsamkeit und Gemeinschaft aussieht, entscheidet jeder selbst. Wie viel Gemeinschaft wirklich stattfindet, verändert sich deshalb dauernd. Schließlich hat nicht jeder immer Lust auf gemeinsame Abendessen und Sonntagsbrunche.

»Wer das Gefühl hat, in seinem Umfeld und in seinem Leben etwas ändern zu können, ist ausgeglichener.«

Mach was!

ZURÜCK INS RUDEL

Kurzzeit-WG

Wie die meisten Europäer lebe ich (noch) in einem Singlehaushalt. Immer wieder mal verspüre aber auch ich den Wunsch, in Gemeinschaft zu leben. Noch kann ich mich allerdings nicht für ein bestimmtes gemeinschaftliches Lebensmodell entscheiden. Also habe ich erst mal beschlossen, KurzzeitmitbewohnerInnen aufzunehmen. Die finde ich übers Couchsurfing.
www.couchsurfing.de
> Weiterlesen auf Seite 154

Syndikat-Häuser

Von der Studenten-WG kennen wir's: Gemeinsames Wohnen bedeutet schnell auch wenig Platz für Privatsphäre. Mit steigendem Alter wachsen jedoch auch die Einkommensmöglichkeiten und der Bedarf an Raum. Ganze Häuser (mit großem Garten oder zentral in der Stadt) kann man sich mithilfe des Miets-

häuser Syndikats teilen. Dieses Konzept beinhaltet auch den solidarischen Gedanken: Viele Objekte stellen öffentlichen Raum für Nachbarschaftstreffs oder Events zur Verfügung.
www.syndikat.org
> Weiterlesen auf Seite 146

Im Alter gemeinsam wohnen

Auch Leute, die ihre lieb gewonnenen (und nach dem Auszug der Kinder zu groß gewordenen) Häuser nicht verlassen wollen, können gemeinschaftlich wohnen. Indem sie zum Beispiel Studenten bei sich aufnehmen – das Programm, das in ganz Deutschland solche Wohn-Partnerschaften vermittelt, heißt »Wohnen für Hilfe«. Für kostenfreie Logis helfen die Studierenden ihren Gastgebern im Haushalt oder im Garten – und leisten Gesellschaft.
www.wohnenfuerhilfe.info
> Weiterlesen auf Seite 166

CO-HOUSING

Die Mietshäuser Syndikat-GmbH ist eine nicht-kommerziell organisierte Beteiligungsgesellschaft zum gemeinschaftlichen Erwerb von Haus und Grund. Mieter sind gemeinsam mit der GmbH Eigentümer aller Häuser im Syndikat.

Motto:

» *Wohneigentum für alle* «

VOM (GEGLÜCKTEN?) EXPERIMENT DES CO-HOUSINGS

INTERVIEW MIT EINER SYNDIKATS-GEMEINSCHAFT

Teresa, Tini, Ben und Kristina, alle Mitte 30, sitzen an diesem lauen Sommerabend im Wohnzimmer ihres gemeinsamen Hauses in der Mitte von Dresden. Durch die großen Fenster dringt Vogelgezwitscher, es weht eine angenehme Brise herein. Die Freunde klönen auf dem roten Sofa. Draußen auf der Terrasse sitzt Henning, Teresas Mann, und liest. Gerade hat er den gemeinsamen Sohn Wiggo ins Bett gebracht. Die anderen BewohnerInnen (sieben Erwachsene und drei Kinder) haben sich schon in ihre Zimmer zurückgezogen oder treffen Freunde draußen. Das ganze Wochenende lang haben einige der Hausbewohner wieder mal im Haus gearbeitet, im Treppenhaus Tapeten abgekratzt, in den Fluren Fußböden verlegt, Bäder gemalert.

Das 500 Quadratmeter große Haus mit dem riesigen Grundstück drumherum gehört den Zwölfen seit Ende 2014. Organisiert haben sie ihr Projekt mit dem Mietshäuser Syndikat, es gehört also ideell allen und finanziell keinem

(mehr dazu auf Seite 153). Ihre Hausgemeinschaft nennen sie Kunet, das kommt von kune, was auf Esperanto »zusammen« bedeutet.

Sprecht miteinander, Leute

Das Kunet-Haus ist nicht nur für seine Bewohner offen, auch für die Nachbarschaft. Im öffentlichen Raum finden immer mal wieder Kinderkleidertausche, Konzerte, Ausstellungen, Diskussionsrunden, Kindergeburtstage und Filmabende statt. Geplant sind Selbsthilfewerkstätten und viele weitere Veranstaltungen, um Begegnungen in der Nachbarschaft zu ermöglichen.

Damit knüpfen die Kunet-BewohnerInnen auch an die Geschichte ihres Hauses an: Von 1955 bis in die 1990er-Jahre war das Gebäude ein öffentlicher Speisesaal, ein Begegnungsort und fester Bestandteil des öffentlichen Lebens.

»Gerade das ist wichtig, damit die Gruppe wachsen kann.«

Warum habt ihr euch fürs gemeinschaftliche Leben entschieden?

Tini: Es war immer mein Traum, mit Freunden den Alltag zu verbringen, dass wir gemeinsam unsere Kinder großziehen – eine soziale Familie eben.

Ben: Ich habe immer in Gemeinschaft gelebt, in WGs, in Wohnprojekten mit mehreren WGs in einem Mietshaus. Für mich war die Vorstellung absurd, mal alleine in einer Wohnung zu leben, mit Partnerin und Kind.

Kristina: Welchen anderen gesellschaftlichen Entwurf kann es geben? Einer, der Isolierung und Vereinzelung etwas entgegensetzt. Der sich nicht auf die biologische Familie konzentriert, die ja auch immer mehr zerfällt. Wohnprojekte sind für mich die Orte, um so einen Entwurf zu entwickeln. Ich wollte also herausfinden: Wieso scheitern so viele Projekte?

Wie kann man es hinkriegen? Natürlich habe ich den absurden Gedanken, dass es besser klappt, wenn wir es selbst machen …

Teresa: Das Leben in Gemeinschaft ist ein Katalysator für das eigene Wachstum. Es eröffnen sich immer wieder andere Perspektiven. Das eigene Wertesystem wird ständig herausgefordert, zum Beispiel unsere Haltung zu Geld und zu Leistung.

Wie war euer Weg bis zur Umsetzung des Traums?

Tini: Mit Anfang 20 sprachen Teresa, Robi und ich zum ersten Mal über ein gemeinsames Hausprojekt. Damals sagten wir: Erst mal müssen wir Geld verdienen. Mit Anfang 30 saßen wir wieder zusammen und einer sagte: Jetzt haben wir Geld verdient, jetzt könnten wir eigentlich mal loslegen. Wir haben dann alle im Freundeskreis gefragt, ob sie mitmachen wollen. Anfangs sehr viele. Je konkreter es wurde, desto weniger waren wir.

Teresa: Fast ein Jahr lang haben wir überlegt, wie wir es am besten machen. Wir sind schließlich aufs Mietshäuser Syndikat gestoßen und fanden das System super.

An sehr vielen Wochenenden sind wir dann mit dem Fahrrad in Dresden herumgefahren, haben leer stehende Häuser gesucht und versucht herauszufinden, ob die zum Verkauf stehen. 2011 hatten wir die ersten Besichtigungen. Es sind noch mal drei Jahre vergangen, bis wir im vierten Anlauf unseren Kaufvertrag unterschrieben haben.

Ben: Ich fand die Idee mit dem Mietshäuser Syndikat anfangs gewöhnungsbedürftig. Ich war noch in dieser Denke drin: Ich muss Eigentum schaffen, vorsorgen. Je mehr ich mich dann aber mit dem Syndikat auseinandergesetzt habe, desto spannender fand ich es. Wir sind jetzt nicht mehr einfach eine Hausgemeinschaft, sondern Teil eines Netzwerks von Häusern.

Was ist für euch heute das Schönste am Zusammenleben?

Teresa: Wenn bei einer Gemeinschaftsaktion plötzlich so ein »Drive« entsteht, ist das toll. Wenn man sieht, was man zusammen schaffen kann, wenn man an einem Strang zieht. Das Zusammenleben ist in jedem Fall auch eine Riesenerleichterung: Ich muss nicht jeden Abend kochen, das Einkaufen teilen wir uns auf. Jemand anderes holt mal die Kinder ab. Außerdem teilen wir uns viele Ressourcen. Autos, Luftmatratzen, alles Materielle eigentlich.

Ben: Für mich sind die gemeinsamen Abendessen am schönsten. Jemand hat lecker gekocht, wir sitzen zusammen, lassen den Tag Revue passieren.

Die Kunst im Kunet: Konflikte so zu lösen, dass sich Kompromisse für alle gut anfühlen.

Kristina: Ich mag die absurden Situationen, die nur bei uns passieren können. Zum Beispiel: Das Essen ist fertig. Aber der Koch findet niemanden, weil alle gerade irgendwo vor sich hin werkeln. Bis wir in einer Ecke den letzten Bewohner gefunden haben und dann endlich zusammen essen.

Wie organisiert ihr euch?

Tini: Wir entscheiden im Konsens bei unseren regelmäßig stattfindenden Plena. Bei der Miete machen wir es gerade so, dass jeder nach Können zahlt, nicht nach Quadratmetern. Wir wissen, was jeder zahlen müsste, damit die Gesamtmiete zusammenkommt. Wenn es am Ende nicht reicht, zahlen die, die mehr haben, noch was drauf. Ob wir die Miete tatsächlich weiterhin so solidarisch aufteilen können, wird sich noch zeigen. Die damit verbundenen Konflikte sind manchmal schwer auszuhalten. In die Essenskasse zahlt jeder nach eigenem Ermessen nach einem gemeinsamen Richtwert ein, egal wie viele Joghurts er isst.

Teresa: Wie wir die Aufgabenverteilung gut hinbekommen, probieren wir auch noch aus. Bei uns gibt es echt viel zu tun: Wir sind eine GmbH, also müssen wir Finanzierungspläne machen, Jahresabschluss, Controlling, müssen uns um Darlehen bemühen. Hinzu kommt die Kommunikation mit den Handwerkern. Wir versuchen, dass jeder eine Aufgabe so lange übernimmt, bis er keine Lust mehr hat – oder nicht mehr kann. Die Fülle der Aufgaben ist wirklich schwierig zu bewältigen. Oft gehen wir dabei über unsere Grenzen. Das macht es dann ziemlich schwer, zurückzukehren in eine Leichtigkeit wie vor dem Hauskauf.

Was macht ihr bei Konflikten?

Teresa: Wir versuchen immer Kompromisse zu finden, manchmal fühlt es sich aber so an, als hätten wir keine Lösung für alle gefunden.

Tini: Wenn das nicht klappt, arbeiten wir auch mit Mediatoren. Manchmal übernimmt das eine von uns. Wir haben zum Beispiel relativ spät an einer Wand ein sozialistisches Gemälde mit einer großen Sonne drauf entdeckt. Laut unseren Bauplänen sollte eine Zimmerwand das Bild zerteilen. Da stellte sich die Frage: Ändern wir die Pläne? Das hätte mehr gekostet und wäre umständlicher gewesen. Es gab dann zwei Extrempositionen. Teresa hat sich mit den beiden Gruppen hingesetzt und schließlich haben sie entschieden: Die Sonne wird geteilt. Oft liegen die Konflikte jedoch verdeckter und es ist schwer gemeinsam zu erkennen, woran es liegt. Derzeit holen wir uns dabei Hilfe von einer externen Mediatorin.

Teresa: Man benötigt Selbstvertrauen und Sicherheit, um über bestimmte Dinge ins Gespräch zu kommen. Um darüber zu reden, was einen verletzt, was einen berührt, was einen stört. Es ist nicht leicht, sich so zu zeigen, wie man ist, auch mit dem, was man an sich selber vielleicht nicht so gut findet. Aber gerade das ist wichtig, damit die Gruppe wachsen kann.

>>Man braucht Selbstvertrauen und Sicherheit, um darüber zu reden, was einen berührt.<<

Handtücher &
Bettwäsche & Fön
für
alle

Für einiges ist es leichter, wenn man gleich für alle organisiert, etwa beim Einkauf, Kochen oder Waschen.

Was wünscht ihr euch für die Zukunft?

Teresa: Ich will die Balance besser hinkriegen zwischen den Bedürfnissen der Gruppe und meinen eigenen. Manchmal brauche ich eigentlich Ruhe, aber dann steht im Haus so viel an ... Ich wünsch mir auch, dass wir weiter neugierig aufeinander sind.

Tini: Ich wünsche mir eine noch offenere Kommunikation.

Ben: Ich wünsche mir, dass wir noch mehr zusammenwachsen. Wir sieben Gründer sind wie ein Schwungrad, das gemeinsam in Fahrt gekommen ist. Für die, die später dazugekommen sind, ist das Aufspringen nicht leicht.

Kristina: Ich will, dass wir mehr Zeit für Lagerfeuer haben. Ich wünsche mir außerdem, dass wir wieder mehr Muße haben, politische und kulturelle Veranstaltungen zu planen und dass unser Raum auch von den Nachbarn aus dem Viertel genutzt wird.

Zusammen wohnen im Gemeinschaftshaus?
www.syndikat.org

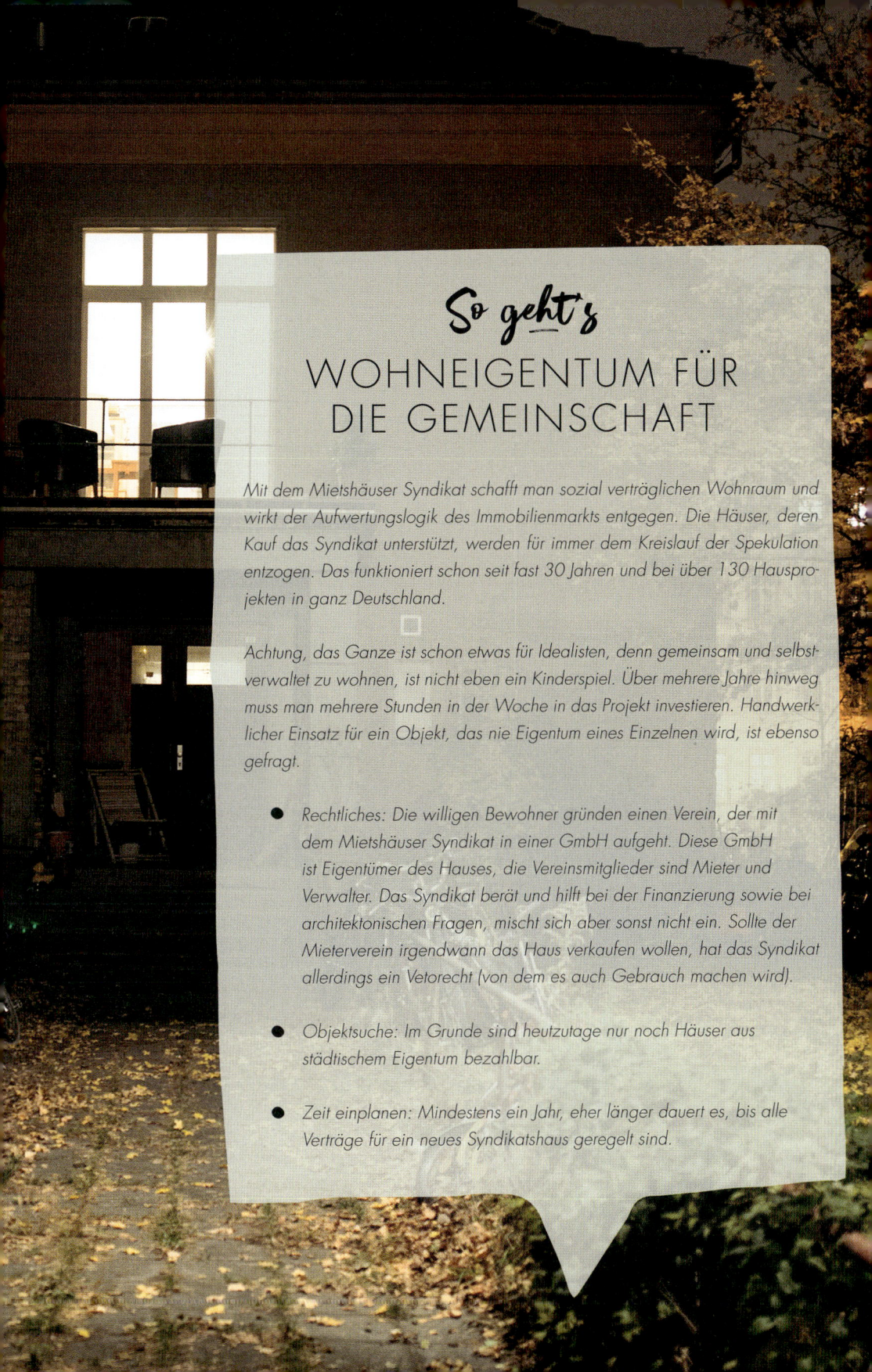

So geht's
WOHNEIGENTUM FÜR DIE GEMEINSCHAFT

Mit dem Mietshäuser Syndikat schafft man sozial verträglichen Wohnraum und wirkt der Aufwertungslogik des Immobilienmarkts entgegen. Die Häuser, deren Kauf das Syndikat unterstützt, werden für immer dem Kreislauf der Spekulation entzogen. Das funktioniert schon seit fast 30 Jahren und bei über 130 Hausprojekten in ganz Deutschland.

Achtung, das Ganze ist schon etwas für Idealisten, denn gemeinsam und selbstverwaltet zu wohnen, ist nicht eben ein Kinderspiel. Über mehrere Jahre hinweg muss man mehrere Stunden in der Woche in das Projekt investieren. Handwerklicher Einsatz für ein Objekt, das nie Eigentum eines Einzelnen wird, ist ebenso gefragt.

- Rechtliches: Die willigen Bewohner gründen einen Verein, der mit dem Mietshäuser Syndikat in einer GmbH aufgeht. Diese GmbH ist Eigentümer des Hauses, die Vereinsmitglieder sind Mieter und Verwalter. Das Syndikat berät und hilft bei der Finanzierung sowie bei architektonischen Fragen, mischt sich aber sonst nicht ein. Sollte der Mieterverein irgendwann das Haus verkaufen wollen, hat das Syndikat allerdings ein Vetorecht (von dem es auch Gebrauch machen wird).

- Objektsuche: Im Grunde sind heutzutage nur noch Häuser aus städtischem Eigentum bezahlbar.

- Zeit einplanen: Mindestens ein Jahr, eher länger dauert es, bis alle Verträge für ein neues Syndikatshaus geregelt sind.

Homestory
SOFASCHLÄFER ZU BESUCH

Ich kann Max hören, bevor ich ihn sehe. Mein allererster Couchsurfer ruft mir schon im Treppenhaus ein schallendes »Hi!« entgegen, als er noch drei Stockwerke vor sich hat. Dazu muss ich sagen: Ich wohne im fünften Stock eines Altbaus, ohne Fahrstuhl natürlich. Ich zucke zusammen und denke an die doch sehr ruhigen Nachbarn. Die haben bisher kaum etwas von mir mitbekommen, und das fand ich eigentlich auch gut so.

Max hat mir zwei Wochen zuvor über die Plattform www.couchsurfing.com geschrieben. »Ich denke, wir haben uns eine Menge zu sagen«, begann seine Nachricht. Ich fand das ein bisschen draufgängerisch, aber auch interessant. Er schrieb weiter, er sei Filmemacher aus Brooklyn und Transgender-Aktivist (bis vor zwei Jahren steckte er im Körper einer Frau). In Berlin wolle er eine Woche lang für sein nächstes Projekt recherchieren. Außerdem hätten wir denselben Lieblingsfilmemacher angegeben: Werner Herzog.

Wir tauschten drei Nachrichten aus, dann war der Deal klar: Er würde seine Woche in Berlin auf meinem Schlafsofa im Wohnzimmer verbringen.

Meine endlos schnelle Woche

Während ich nun in der Tür darauf warte, dass er seinen Riesenkoffer (wirklich nur eine Woche?!) zu mir schleppt, zweifele ich ein klitzekleines bisschen. Ist Max vielleicht zu laut für mein stilles Haus? Werde ich mich auf die Arbeit konzentrieren können, solange er da und offensichtlich so präsent ist? Und wieso habe ich mir diese Fragen eigentlich nicht gestellt, als ich noch absagen konnte?

Tatsächlich kehre ich die nächsten zwei Stunden nicht an meinen Computer zurück – ich verbringe stattdessen einen der interessantesten Vormittage seit Langem. Max und ich trinken Tee, wir reden und reden und reden. Über sein aktuelles Projekt – er will eine iranische Transgender-DJane in Berlin portraitieren –, über New York, über Kabul, den abgefahrensten Ort, an dem er jemals über Couchsurfing einen Schlafplatz gefunden hat.

Am Abend nimmt er mich mit zu einer Party seiner DJane, die wir erst bei Tageslicht wieder verlassen. Am nächsten Tag (sagen wir mal, Nachmittag) stelle ich Max einer Freundin vor. Sie macht Dokumentarfilme und kann

couchsurfing™

ihm vielleicht bei der Produktion in Berlin helfen. Am dritten Abend brät er meinem Freund und mir Hamburger, am vierten koche ich ein Thai-Curry. Wir gehen zusammen in Ausstellungen, ins Theater, in ein Konzert. Die Woche mit Max scheint endlos und geht dann doch vorbei. Leider.

»Ja, ich will!«

Das erste Mal meldete ich mich vor über zehn Jahren bei Couchsurfing an. Ich plante damals eine Südamerikareise allein und es erschien mir die perfekte Möglichkeit, um Einheimische kennenzulernen, nicht so einsam zu sein und günstig zu reisen. Tatsächlich verbrachte ich dann eine fantastische Zeit mit zwei Schwestern in Rio, bei einem Künstler in São Paulo und einem Sambamusiker in Salvador da Bahia.

In den nächsten paar Jahren habe ich noch in Auckland, Kopenhagen und Shanghai auf der Couch von Fremden übernachtet. Mit unterschiedlichem Komfort zwar, aber immer gut unterhalten. Da ich erst in einer WG mit wenig Platz lebte und später mit meinem Freund zunächst in einer Mini-Wohnung, konnte ich nie selbst jemanden bei mir beherbergen.

>>Ich denke, wir haben uns
eine Menge zu sagen!<<

Als ich in meine Zwei-Zimmer-Wohnung zog, hatte ich das Couchsurfing-Konzept tatsächlich vergessen. Bis mir ein Freund von seinem letzten Urlaub in Italien erzählte und von den tollen Menschen, die er dort kennenlernte – über Couchsurfing.

Zurzeit grübele ich viel, wie ich wohnen will, ob ich mir ein gemeinschaftliches Lebensmodell vorstellen kann und wenn ja, welches. Nach dem Gespräch mit meinem Freund dachte ich: Wenn ich ab und zu einen Couchsurfer bei mir aufnehme, weiß ich vielleicht ein bisschen mehr.

Seit dem Besuch von Max habe ich beherbergt: Laura, eine katalanische Künstlerin, mit der ich vier Abende hintereinander experimentelle Filme auf Spanisch gesehen habe. Panpi, einen französisch-baskischen Koch, der mit frischem Gemüse aus dem Garten von Freunden vegetarische Döner für meinen Freund und mich zubereitete. Max und ich schreiben uns fast jede Woche und jedes Mal erzählt er von seiner »social family«: Er teilt sich zu Hause ein Reihenhaus mit seiner Schwester und fünf Freundinnen.

Mittlerweile bin ich sicher: Ich will mit anderen zusammenleben. Die Frage ist nur noch: Wie?

Auch Lust auf Sofamitbewohner?
www.couchsurfing.com

So geht's

COUCHSURFING & CO.

Der Hintergedanke: Die Gastgeber öffnen nicht nur die Tür zur kostenlosen Übernachtung auf der Couch, sondern häufig auch zu ihrem Alltag. So ergibt sich eine ganz neue Art des Reisens.

- *www.couchsurfing.com: Mehr als 12 Millionen Menschen auf der ganzen Welt sind auf der Plattform angemeldet. Ab 2011 kommerzialisierte man die Plattform, was zu einigen Protesten führte.*

- *www.servas.org: ältestes Netzwerk für Gastgeber. In Dänemark entstand 1949 die Idee; Aktivisten um den amerikanischen Kriegsdienstverweigerer Bob Luitweiler wollten Menschen zusammenbringen und so interkulturelle Freundschaften und Frieden stiften. Bis in die 1990er-Jahre hinein bekamen die Mitglieder die Adresslisten von Gastgebern per Post zugeschickt. Servas verschreibt sich mit 15 000 Gastgeberhaushalten heute immer noch dem interkulturellen Friedensgedanken.*

- *Je mehrere Hunderttausend Mitglieder haben die jungen Netzwerke www.hospitalityclub. org (als Studentenidee seit Anfang des 21. Jahrhunderts online) und das Open-Source-Projekt www.bewelcome.org mit gemeinnützigem Verein in Rennes als Träger.*

- *www.warmshowers.org: Reisende, die mit dem Fahrrad unterwegs sind, finden dort über 110 000 Schlafplätze weltweit (gegründet 1993) und in Deutschland bei den Dachgebern (www.dachgeber.de, entstand 1987) mit über 3000 Adressen.*

- *www.wwoof.de: Worldwide Opportunities on Organic Farms, dort findet man Bio-Bauernhöfe, die Kost und Logis gegen ein paar Stunden Mitarbeit auf dem Hof anbieten.*

Zu Besuch bei
COCONAT: HIPSTER-CAFÉ & DORFKNEIPE

Beim Frühstück sitzt Franka Kohler wieder mal mit dem Förster zusammen. Sie reden über den Wolf, der in den nahen Wäldern lebt und auf dessen Spuren die beiden fast jedes Mal stoßen, wenn sie dort herumstreifen. Franka, die als Beraterin arbeitet, zur Entspannung, der Förster im Dienst.

Die beiden leben gerade zusammen in einem steingrauen Gutshaus mit rot geziegeltem Mansarddach. Es war mal Fabrikantenvilla und DDR-Gewerkschaftsheim, jetzt ist es das Coconat. Coconat ist die Abkürzung für »community and concentrated work in nature«. Dort treffen sich vor allem Menschen wie Franka, selbstständige Kreative und digitale Entrepreneurs, die Bücher schreiben, Apps und Beratungskonzepte entwickeln, Yoga machen. Aber nicht nur. Weil das Coconat in einem kleinen Dorf in Brandenburg liegt und umgeben von Wäldern ist, nutzen den Raum auch Menschen wie der Förster, mit dem Franka jetzt beim Kaffee zusammensitzt.

Es ist noch nicht sieben Uhr, als sich die beiden verabschieden, um den Arbeitstag zu beginnen. Der Förster geht hinaus, Franka erst mal nach oben in einen der drei Arbeitsräume. Sie klappt ihren Laptop auf dem großen Holztisch auf, versinkt für die nächsten Stunden in Konzentration.

Angekommen: ein Ort für neue Wege

Neben ihr sitzen bald: Ein französischer Unternehmensberater, der sich selbstständig machen will und an seinem Businessplan arbeitet. Eine Berliner Grafikdesignerin, die umsattelt und hier herausfinden will, was sie eigentlich möchte.

Das Coconat haben Julianne Becker und Janosch Dietrich im Jahr 2017 gegründet. Das Paar lebte zuvor in Berlin. Janosch hat in der Filmbranche gearbeitet, Julianne in der Co-Working-Szene. In den Jahren davor sprachen die beiden sehr oft mit ihren Freunden darüber, dass sie gern auf dem Land leben möchten. Einmal zogen sie tatsächlich mit ein paar Leuten für ein paar Wochen hinaus nach Brandenburg. Aber die Internetverbindung war lahm, das Essen schlecht.

Ländlich global

Von da an dachten sie darüber nach, einen coolen Ort auf dem Land zu schaffen, mit schnellem Internet und guter Küche. Zwei Jahre lang suchten sie nach dem richtigen Platz. Den Gutshof in Klein Glien sahen sie zufällig,

Im Coconat kann man beides: Leute kennenlernen und beim Spielen relaxen oder ganz professionell Brainstormen.

im Vorbeifahren. Sie dachten sofort: Das ist es. Sie fragten beim Bürgermeister, doch der richtete aus, der Eigentümer wolle nicht vermieten. Dann erfuhren sie, dass der auf dem Hof jedes Jahr ein öffentliches Fest organisierte. Sie gingen hin, freundeten sich mit dem Gutsherrn an. Heute sind die drei Partner.

Franka arbeitet gerade an einem Projekt, das noch mehr junge Kreative wie sie in diese brandenburgische Idylle bringen soll. Sie analysiert, welche Jobangebote in der Gegend fehlen, die Stadtflüchtige dort hinbringen könnten. Franka will nicht nur Ideen liefern, sie will auch Workshops organisieren, in denen die Leute herausfinden sollen, ob dieser Ort und der Job (oder ihre aktuelle Arbeitsstelle) wirklich etwas für sie sind. Wenn sich jemand für einen neuen Weg entscheidet, bietet Franka eine neunmonatige Begleitung an.

»Ich kenne sehr viele Leute, die eigentlich keine Lust auf die Stadt haben, die aber den Absprung nicht schaffen – weil sie nicht den richtigen Platz finden«, sagt Franka. »Deshalb müssen wir Orte schaffen, wo alles ist, was wir an der Stadt schätzen.« Plus Ruhe, ohne allein zu sein, wie der Slogan vom Coconat lautet.

Grässliches Dorfleben

Franka hat Erfahrung in »ländlicher Innovation«, wie sie es nennt. Sie hat schon mal eine Community auf dem Land gegründet, in einem Dorf eine halbe Stunde außerhalb von Wien. Damals entwickelte sich das Ganze eher zufällig: Mit ihrem Freund war sie in ein hübsches, kleines Häuschen am Rande des Wiener Waldes gezogen. Doch nach einer Weile drohte die Idylle zum Albtraum zu werden. Sie waren die einzigen jungen Leute in der Nachbarschaft, ihnen fehlte der Austausch, die Begegnungen, der soziale und kulturelle Input.

Franka und ihr Freund begannen »zu angeln«, wie sie es nennt. Sie luden all ihre Bekannten zu sich aufs Land ein, boten an, eine Zeit lang bei ihnen zu leben und zu arbeiten. Bald stellte der erste eine Jurte auf ihrem Grundstück auf. Innerhalb von fünf Jahren zogen 30 weitere Freunde und Bekannte zu ihnen ins Dorf. Heute existiert eine drei Seiten lange Warteliste für Wohnungen in der Umgebung des einst so verschnarchten Waldranddorfes.

Franka zog schließlich weg, weil sie, eine gebürtige Baden-Württembergerin, zurück nach Deutschland wollte – und weil sie sich von ihrem Freund trennte. Sie zog nach Berlin, dort lebten schon Freunde von ihr. Die Stadt war ihr eigentlich von Anfang zu schnell, zu groß, zu stressig. Aber irgendwas hielt sie davon ab, sofort wieder raus aufs Land zu ziehen. Das Coconat entdeckte sie zufällig, als sie mal auf der Suche nach Seminarräumen war.

Als sie sich durch die Website klickte, dachte sie sofort, dass sie sich dort auch länger wohlfühlen könnte. Sie fuhr raus und merkte: Das passt. Doch erst als ihre Hündin sehr krank wurde, ging sie wirklich. Seit einem Jahr lebt sie mittlerweile im Coconat. Demnächst stellt sie sich ein Tiny House auf das Gelände.

Natur und Menschen

Am Nachmittag, nach dem gemeinsamen Mittagessen, dreht Franka eine große Runde durch den Wald, kein Auto ist zu hören, nur Vogelgezwitscher, Blätterrauschen. Sie sucht die Stelle, wo der Förster am Tag zuvor tatsächlich Wolfskot entdeckt hat, findet sie. Mit Geduld und hoch konzentriert sucht sie den Boden ab – und stößt an anderer Stelle auf noch eine Spur. Das muss sie ihm nachher gleich erzählen.

»Für mich gibt es nichts Besseres, als alleine durch die Natur zu stapfen«, sagt Franka – und fügt dann gleich an: »Solange ich weiß, dass ich mit anderen zusammen sein kann, wenn ich das Bedürfnis habe.«

>>Ruhe, ohne allein zu sein:
Genau das suchen
viele Stadtkinder.<<

So geht's

BAUEN UND WOHNEN:
IN DER GEMEINSCHAFT

Man kann sich in jedem Lebensalter und auch in jeder Situation für ein Wohnprojekt entscheiden. Voraussetzung ist eigentlich nur: Man muss Lust haben, von anderen zu lernen. Und auch mal die eigenen Macken zu hinterfragen.

- www.verein.fgw-ev.de: bundesweiter Überblick von FORUM. Gemeinschaftliches Wohnen e.V. Bundesvereinigung. Viele Städte (etwa www.cohousing-berlin.de, www.gemeinschaftliches-wohnen.de, www.mitbauzentrale-muenchen.de) haben eigene Sites; eine relativ umfassende bundesweite Übersicht gibt es auf www.wohnprojekte-portal.de, von der Stiftung Trias (siehe auch weiter unten).

Bauherrengemeinschaft
Auch mal salopp »Baugruppe« genannt. Man suche sich Gleichgesinnte (oben genannte Portale helfen dabei) und freue sich über das gewonnene Zugehörigkeitsgefühl, mehr Geld (Baubetreuer entfällt, ein unbebautes Grundstück ist wesentlich günstiger als ein Komplettpaket) und die herrliche Selbstbestimmung. Wenn man sich mit den anderen geeinigt hat.

Üblicherweise wird eine Gemeinschaft des bürgerlichen Rechts (GbR) dafür gegründet. Geht die Initiative von einem Architekten aus, ergibt sich eine sogenannte betreute private Baugemeinschaft. Baugruppen können in einigen Städten und Gemeinden öffentliche Grundstücke günstiger erwerben. Ökologische und innovative Bauten werden häufig von Baugruppen umgesetzt. Öko-Häuser sind häufig erst realisierbar, wenn man sie im großen Maßstab umsetzt. Im Gegenzug muss man mehr Zeit einplanen als beim normalen Hausbau, denn alle Entscheidungen und die Abnahmen in der Bauphase werden gemeinsam getroffen. Das Netzwerk Berliner Baugruppen Architekten NBBA kann bei der Findung eines spezialisierten Architekturbüros behilflich sein: www.baugruppen-architekten-berlin.de.

> **Achtung:** Kosten- und Terminpläne gründlich abklopfen. Kann ich mir vorstellen, mit den anderen Baugruppenmitgliedern ein solches Projekt umzusetzen? Sollte das Architekturbüro lieber die Projektsteuerung übernehmen?

Genossenschaftsbau

Die Mitglieder einer Genossenschaft erwerben Anteile am Vermögen der Wohnungsgenossenschaft. Das Mitglied hält mit seinem Anteil einen Teil vom Ganzen. Die Mitgliedschaft ist Voraussetzung dafür, eine Genossenschaftswohnung nutzen zu können. Ziel der Genossenschaft ist die Bereitstellung von günstigem Wohnraum für ihre Mitglieder.

Einige Genossenschaften haben sich aus der Not heraus gegründet, um einen Abriss oder den Verkauf an einen großen Investor zu verhindern, in Berlin beispielsweise die Bremer Höhe (www.bremer-hoehe.de). In München etwa gibt es junge Genossenschaften wie Progeno, die sich für den ökologischen Bau engagieren. Der Genossenschaftsverband Bayern (www.gv-bayern.de) hat eine Broschüre zum Thema Gründung herausgegeben. Auch beim VdW Rheinland Westfalen gibt es zahlreiche Beratungsangebote: www.vdw-rw.de.

> *Achtung: Höchstpreise können auch Genossenschaften (etwa bei Innenstadtlage) nicht mehr zahlen. In einigen Städten liegt der genossenschaftliche Anteil bei der Bauvergabe städtischer Flächen bei etwa 30 Prozent.*

Erbpacht mit Stiftungsförderung

»Grundstücke aus dem Waren- und Erbstrom herauszulösen« ist ein Ziel von Stiftungen. Die Trias-Stiftung etwa (www.stiftung-trias.de) hat die Leitlinie: »Boden ist Gemeingut und nicht nur Bauland für Investoren.« Die Edith-Mayon-Stiftung mit Sitz in der Schweiz kommt aus dem anthroposophischen Umfeld. Diese Stiftungen kaufen Grundstücke, manchmal auch ganze Liegenschaften, und stellen sie als Erbpacht zur Verfügung. Neue Gebäude muss man selbst bauen und dementsprechend bezahlen.

> *Achtung: Die gewählte Stiftung muss über ein entsprechendes Budget verfügen.*

ON TOUR >>>

... WOHNEN FÜR HILFE

Das vierstöckige Haus mit den fünf Zimmern und dem gepflegten Garten war für Elke Siemßen eigentlich zu groß, nachdem ihr Mann gestorben war. Die 77-Jährige wägte verschiedene Optionen ab. Sie könnte in ein Mehrgenerationenhaus ziehen. Bloß gab es in Bremen damals keines. Außerdem hing sie an dem hellen Haus, wo sie mit ihrem Mann die Kinder großgezogen hat – und das ihre Enkel so liebten. Sie wollte nicht weg. Sie könnte auch untervermieten. Aber: Sie wollte nicht mit einem Fremden zusammenwohnen.

Eine Stunde Arbeit im Monat

Sie lebte gerade eineinhalb Jahre alleine, als sie sich im Winter 2014 daran erinnerte, dass sie mal in der Zeitung einen Artikel über das Projekt »Wohnen für Hilfe« gelesen hatte. Sie informierte sich beim Sozialamt in Bremen und erfuhr: Menschen, die Platz haben und diesen gern teilen möchten, können einen Studenten bei sich aufnehmen. Der zahlt nur seinen Anteil an den Nebenkosten und hilft im Gegenzug im Haus. Generelle Regel: eine Stunde Arbeit im Monat pro Quadratmeter. Elke Siemßen füllte den Bewerbungsbogen aus und konnte es kaum abwarten. Eigentlich schon vor dem Beratungsgespräch mit dem Betreuer vom Sozialamt war ihr klar: Das probiere ich aus!

Gerade wohnt Anna Fintelmann, eine 19-jährige Chemiestudentin, im ehemaligen Kinderzimmer ihrer Tochter. Sie ist Elke Siemßens dritte Mitbewohnerin. Die anderen beiden zogen nach Studienende aus, sie hatten Arbeit in einer anderen Stadt gefunden. Auch Anna hilft beim Putzen, im Garten, mit dem Einkauf. Vor allem leistet sie Elke Siemßen Gesellschaft.

»Es ist einfach ein schönes Gefühl, jemanden im Haus zu haben. Und über was wir alles

reden! Über die Liebe, über Männlein, über Weiblein«, sagt sie und lacht. »So viel habe ich nicht mal mit meinen eigenen Kindern gesprochen.« Gerade ist sie von einer Ruderreise zurückgekehrt, die Donau entlang bis zur Mündung. »Es ist viel schöner, in ein Nest zurückzukommen.« Als sie die Tür aufschloss, saß Anna gerade in der Küche, und sie konnte ihr gleich alles erzählen.

Manchmal sieht Elke Siemßen Anna gar nicht – weil sie selbst so häufig unterwegs ist. Gut, dass dann das Haus nicht ganz leer steht. Das Zusammenwohnen hat für Elke Siemßen aber noch weitere Vorteile. Dank ihrer Mitbewohnerinnen sei sie wieder ordentlicher. Und: »Manchmal habe ich Angst, dass ich stürzen könnte und dass mich dann niemand findet. Dann erinnere ich mich, dass ich nie lange allein zu Hause bin. Das beruhigt mich.«

Anna Fintelmann wohnte vorher in Hamburg bei ihren Eltern und pendelte jeden Tag zwei Stunden zur Uni in Bremen. Ein WG-Zimmer wollte sie sich nicht leisten; die Zeit, die dann für den Aushilfsjob draufgehen würde, wollte sie eher mit Lernen verbringen. Außerdem fühle sie sich nur unter Gleichaltrigen gar nicht so wohl, sagt sie. Sie ist gern mit älteren Menschen zusammen. »Ich finde es gerade gut, auch andere Lebenswelten kennenzulernen und nicht immer in meiner Blase zu leben«, sagt Anna. Im zweiten Semester zog sie bei Elke Siemßen ein, sie hatte Glück. Denn die Wartelisten für Studenten sind bei allen Projekten in Deutschland lang. Sehr viele Studenten wollen mitmachen, zu wenige Hausbesitzer melden sich.

Elke Siemßen ist sich schon sicher: Wenn Anna auszieht, wird sie wieder eine Studentin bei sich aufnehmen. »Alleine wohnen möchte ich nie mehr.«

Deutschlandweite Kontaktstellen unter
www.wohnenfuerhilfe.info

Portrait

URLAUB
IM
ZUHAUSE

HomeLink

Einen Sommer lang lebte Svenja Walter mit ihrem Mann und ihren beiden Kindern in einem kleinen Ort an der Nordsee das Leben einer dänischen Pfarrersfamilie. Vormittags schlenderten sie über den örtlichen Markt, wo auch die Pfarrersfrau ihr Gemüse und Obst holte. Nicht nur durch Svenjas offene Art fühlte sich die Familie bald als Teil der Nachbarschaft – die Kommunikation gelang auch mal mit Händen und Füßen. Die Nachmittage verbrachten sie am Lieblingsstrand der Pfarrerskinder, im Gepäck deren Spielzeug. An den Abenden setzte sich Svenja Walter manchmal in das hübsche Kirchlein, das gleich neben ihrem Pfarrhaus lag. Der Pfarrer hatte ihnen den Schlüssel überlassen. Sie genoss die Stille und die andächtige Atmosphäre. Nach drei Wochen kehrten die vier zurück in ihr normales Leben, in ihr Haus am Stadtrand von München. Dort hatten die Dänen, in deren Leben sie den Sommer über geschlüpft waren, die vergangenen Wochen verbracht.

»Wir waren alle total begeistert: Unsere Gastgeber hatten uns bestens gebrieft, wir haben uns in der neuen Umgebung wirklich wie Einheimische gefühlt. Und das, obwohl wir ja nicht mal die Sprache konnten!«, erzählt Svenja begeistert. »Es war total entspannt und gleichzeitig ein Riesenabenteuer – die perfekte Mischung.«

»Euer Haus sieht toll aus!«

Die dänische Familie hatte die Walters acht Monate zuvor über www.homelink.de angeschrieben, eine der internationalen Plattformen, auf denen sich Menschen vernetzen können, die eine Zeit lang ihr Haus oder ihre Wohnung tauschen möchten. »Wir wollen gern im Sommer ein paar Wochen in der Nähe von München verbringen und Euer

Eine Partylaune ...

Svenjas Mann hatte bei einer Party jemanden kennengelernt, der den ganzen Abend lang vom Haustauschen geschwärmt hatte, von den tollen Begegnungen, den intensiven Erlebnissen, der Chance, neue Orte intensiv zu erkunden. Danach war er so neugierig, dass er Svenja noch am selben Abend dazu überredete, das in den nächsten Sommerferien auch mal auszuprobieren. Svenja liebt das Abenteuer und ist immer offen für Neues. Auch das Teilen von Erlebnissen liegt ihr, sie bloggt unter www.meinesvenja.de und testet seit Jahren, wie Familienurlaub schön entspannend gelingt. Von »Überreden« konnte also nicht wirklich die Rede sein.

Dass es Gegenargumente gab, erfuhr sie erst, als sie Bekannten vom geplanten Haustausch erzählte. »Hast du keine Angst, dass die bei euch was kaputt machen? Oder dass sie was klauen?« fragten manche. Andere meinten erstaunt: »Stört dich nicht, dass die in eurem Bett schlafen?«

Haus sieht toll aus. Vielleicht habt Ihr Lust, den Sommer bei uns in Dänemark zu verbringen?«, schrieb der Pfarrer ganz geradeheraus.

Zusammen mit den Kindern sahen sich Svenja und ihr Mann die Bilder des dänischen Pfarrhauses an, scrollten sich durch Bilder des Küstenörtchens. Sowohl das einladende Haus als auch das Dorf gefiel ihnen sehr.

Die Walters waren bisher immer in Richtung Süden gefahren. Aber warum nicht mal was Neues? Genau deshalb hatten sie sich schließlich angemeldet. Vielleicht waren sie ja eigentlich sogar große Fans des Nordens und hatten das bisher nur nicht entdeckt? Svenja und der Pfarrer verabredeten, drei Wochen im August ihre Häuser zu tauschen.

Vertrauen ist gut ...

»Ich hatte keine Angst und es störte mich nicht«, sagt Svenja. Obwohl sie die Pfarrersfamilie ja noch nie gesehen hatte, vertraute sie ihnen hundert Prozent. »Wir zogen schließlich auch in ihr Haus! Da war es für mich irgendwie logisch, dass wir uns absolut aufeinander verlassen konnten.«

Tatsächlich lief alles wunderbar. Als die Münchner an ihrem Urlaubsort in Dänemark ankamen, begrüßte die Pfarrfamilie sie mit

Kaffee und selbst gemachtem Kuchen, danach stellten sie ihnen den Nachbarn vor. Dann machten sie sich auf den Weg in den Süden.

... keine Kontrolle ist besser

Als sich die Walters nach den drei Wochen in Dänemark wieder ihrem Haus am Münchner Stadtrand näherten, überkam Svenja zum ersten Mal doch ein mulmiges Gefühl. Wie würde sie ihr Haus vorfinden? Zwei Tage lang hatte sie vor der Abfahrt geputzt und alles in Schuss gebracht, Steckdosen repariert, Tischkanten geschliffen. Würde sie jetzt wieder erst mal sauber machen müssen?

Großstadt im Tausch gegen einsame Dünen: Auch die dänische Familie hatte eine spannende Zeit.

»Ich bereitete mich mental auf ein absolutes Chaos vor«, sagt Svenja. »Aber es war alles top! Also fast.« Sie lacht. »Das Treppenhaus war nicht mehr weiß, sondern voller Abdrücke von Kinderhänden. Aber das war kein Problem. Wir haben schließlich selber Kinder – die Farbe war abwaschbar.« Außerdem war der Inhalt der Spielzeugkisten durcheinandergeraten. Svenja erinnerte ihre Kinder daran, dass sie die Spielsachen in Dänemark bestimmt auch nicht genauso zurückgelassen hatten, wie sie sie vorgefunden hatten. Das beruhigte alle sofort.

Svenja möchte ihre Haustausch-Erfahrungen nicht missen: »Dadurch sind wir alle toleranter und großzügiger geworden.«

Auch Fernweh bekommen?
www.guesttoguest.de, www.homelink.de

... BETONWÜSTE

Sommer in Wien. Einfach herrlich. Wo andere unter der Stadthitze stöhnen, freue ich mich auf die Suche nach neuen Möglichkeiten, mitten in der Stadt Natur zu genießen. Diese Stadt, meine Heimat, ist so wunderbar: Es gibt Stadtwanderwege, die auch durch die angrenzenden Hausberge führen. Da haben sich die Stadtplaner schon einiges überlegt, was zur Lebensqualität in der Großstadt beiträgt. Auch Wien ist »Smart City«. Aber mal ehrlich, manche Städte haben geografisches Glück: Eine halbe Stunde mit dem Fahrrad den Fluss entlang und man ist im schönsten Strandbad der gesamten Donau (welches, wird nicht verraten, damit es ein Geheimtipp bleibt). Ich kann sogar mitten in der Stadt leben und mein eigenes Obst und Gemüse anbauen.

Urban und relaxt

Bin ich eine »Stadtpflanze«? Ja, natürlich! Aber trotzdem erlebe ich gern die Natur und ich genieße die Wanderungen in der Umgebung Wiens. Und die sind wichtig, wie Renate Cervinka, Umweltpsychologin von der Universität Wien, bewies. Sie maß sinkenden Puls, Blutdruck und Muskelspannung bei Waldspaziergängern. Forscher der University of Essex zeigten dazu: Egal, ob Gärtnern, Angeln oder Spazierengehen, nach nur wenigen Minuten im Grünen entspannt man sich. Also doch aufs Land ziehen? Das ist keine Option für mich, zumal dann wieder Ressourcenverschwendung mit der Pendelei zur Arbeitsstätte bei mir anfällt. Holen wir uns also die Entspannung vor die Haustür!

Licht im Großstadtdschungel

In vielen Städten ist Urban Gardening bereits Megatrend – so auch bei mir zu Hause. Am Stadtrand, gut öffentlich erreichbar, gibt es in Wien viele Angebote. Man selbst entscheidet, was angebaut wird, und kümmert sich ums Unkrautzupfen sowie Ernten, während der dort ansässige Bauer das regelmäßige Gießen übernimmt. Oder man mietet wirklich nur ein Stück Beet und ist für alles, von Aussaat bis Ernte, selbst verantwortlich.

Sucht nach leer stehenden Industriebauten. Eine Gruppe von Leuten, darunter ein Freund von mir, hat in unmittelbarer U-Bahn-Nähe eine alte Gärtnerei gefunden. Der Besitzer war schnell ausfindig gemacht: Der – riesige und meterhoch mit Unkraut zugewachsene – Grund wird für die kommenden drei Jahre brachliegen, danach soll dort ein Hochhaus gebaut werden. Anstatt das Gebiet in diesen drei Jahren ungenutzt zu lassen, gab es eine Genehmigung zur Zwischennutzung. Das ist doch mal eine gute Pop-up-Nutzung.

Nun ist der Flecken Erde nicht nur temporärer Sitz einer Nichtregierungsorganisation, sondern bietet auch freien Raum zum Gärtnern. Geräte wie Harken oder der Wasserschlauch werden geteilt, und die Ernte wird munter untereinander getauscht. Ebenfalls getauscht werden Tipps zum Anbau – damit die Himbeeren auf dem Nachbarfeld genauso gut gedeihen wie die eigenen.

Ich war erst sehr wenige Male mit »draußen« und half beim Unkrautzupfen. Was mir dort

aber so wahnsinnig gut gefällt: Inmitten einer nicht allzu einladenden Gegend, mit den U-Bahn-Gleisen im Rücken und Blick auf hässliche Wohnbauten ist eine Gemeinschaft entstanden, in der es nicht ums Geld geht, in der Gemeinsames über Trennendem steht. Man teilt, man tauscht, man fühlt sich gleich dazugehörig. Vielleicht ist es das, was in vielen Stadtvierteln fehlt, um die Kriminalitätsrate sinken und die Lebensqualität wachsen zu lassen?

Dieses Teilen von Raum wird immer wichtiger. Städte werden weiter zugebaut, nur noch wenige Oasen gibt es mitten im Großstadtdschungel. Man muss wohl selbst aktiv werden. Dafür kann man sich als ersten Schritt mal »einfach« auf einen öffentlichen Abend des Stadtteilausschusses begeben. Dort werden neue Bauprojekte vorgestellt und auch städtebauliche Veränderungen angekündigt. Wem das gleich zu politisch ist, der kann sich auch einfach in der Nachbarschaft gleichgesinnte »Grünbauern« suchen.

Teilen macht reich

Mein wunderbarer Freund L. hat so eine Oase gebaut. Also eigentlich hat er sie mit vielen anderen gemeinsam gebaut: Er lebt in einem Wohnprojekt. Als auf dem Gelände eines seit Jahrzehnten stillgelegten Bahnhofs eine große Bauoffensive gestartet wurde, sicherte sich eine Gruppe von engagierten Menschen ein Grundstück. Gemeinsam mit einem großen Bauträger wurde ein Mehrparteienhaus gebaut, in das die Wünsche der einzelnen zukünftigen Bewohner bereits bei der Planung mit einflossen. So entstand eine Gemeinschaftsterrasse, man kann gemeinsam garteln, es gibt Hobby-, Sport- und Nutzräume. In der riesigen Gemeinschaftsküche werden Festmahle fürs ganze Haus gekocht. Gemeinsam wird entschieden, welche weiteren baulichen Maßnahmen angegangen werden, das »gemeinsam« steht dabei im Vordergrund. Umgeben von großen Bauten, die unpersönlich von Hausverwaltungen gemanagt werden, und wo Nachbarn einander eher fremd bleiben, ist dieses Gemeinschaftsprojekt ein wahrer Leuchtturm.

Doch L. bestätigt, was ich bei der Gärtner-Angelegenheit schon empfunden habe: Wohn- oder Nutzraum zu teilen heißt auch, mehr Energie zu investieren, als man es auf die »klassische« Art tun würde. Und es heißt: beitragen, mitarbeiten, sich engagieren, sich streiten. Aber auch: an sich selbst zu arbeiten, seinen eigenen Standpunkt zu finden und in der Gemeinschaft zu verteidigen. Ach herrje, wird man dann ein besserer Mensch? Wenn ich L. so betrachte, wird man zumindest bewusster und lebt intensiver.

Nunu Kaller

ALLES MEINS!
Bis ich's wieder zurückschicke

#6 *Kids*

Schon im jüngsten Alter entscheidet sich
(durch die Erziehung):
Konsumzwerge oder Teilfreunde?
Spielzeuge zu mieten,
sie nur eine Zeit lang bespielen zu können
und pfleglich zu behandeln,
ist ein guter Ansatz
gegen den Rausch der Dinge.

SCHON WIEDER GEWACHSEN!

Kinder können vieles, aber eines gelingt ihnen schon im frühesten Stadium: wachsen. Am stärksten tun sie dies zwar im Mutterleib. Doch auch nach der Geburt sind Babys wahre Sprösslinge: Sie schießen innerhalb des ersten Lebensjahres 20–25 Zentimeter in die Länge. Dementsprechend kann es ihnen gar nicht gelingen, die Kleidung abzunutzen, die eifrige Mamas in stets angepasster Größe heranschaffen. Ok, eine Ausnahme sind kleine Rennfahrer. Die zerstören ihre Gummisohlen beim Bremsen mit dem Bobbycar schon mal innerhalb von ein paar Tagen …

Aber normalerweise ist Fakt: Selbst Secondhandklamotten tragen Babys, die sich im ersten Lebensjahr ja noch nicht mal viel bewegen, kaum auf. Und Gallseife ist sowieso Mamas bester Freund. Erst recht nutzen sich die Sachen nicht ab, wenn sie aus robusten und hochwertigen Materialien wie (ökozertifizierter) Wolle hergestellt sind.

Mit Kindern erweitert sich die vorher vielleicht etwas egozentrische Welt um viele schöne, lebensfrohe und glückliche Momente. Dagegen steht ein teils schmerzhafter Verlust von Geld, Zeit und Raum. Das eine mag mit dem anderen ausgeglichen werden, doch generell ist jedes junge Elternpaar froh über weniger Kram, der die Wohnung zumüllt. Selbst die Glücklichen mit viel Platz stöhnen über die Berge von Kindersachen, denn die räumen sich auch für Hauseigentümer nicht von allein auf. Es wachsen also nicht nur die Kinder, sondern auch die Konsumgütermengen …

Kann der Kram weg?

Um die 3000 Euro geben Eltern in Deutschland durchschnittlich für die Erstausstattung eines Neugeborenen aus – und nutzen die Sachen im günstigsten Fall ein paar Jahre. So stapeln sich bald Gitterbetten, Kinderwägen, Wickeltische, Wippen und natürlich altersgerechte Spielzeuge. Im Keller, auf dem Dachboden, am Flohmarktstand.

SPIELZEUGÜBERFLUSS

KINDER SPIELEN LÄNGER
UND INTENSIVER,
WENN WENIGER SPIELZEUG
ZUR VERFÜGUNG STEHT.
DAS STÄRKT IHRE KONZENTRATION
UND FÖRDERT

ihre Intelligenz.

6- BIS 13-JÄHRIGE
VERFÜGEN JÄHRLICH
ÜBER EINE KAUFKRAFT
VON **6 Mrd.**
IN DEUTSCHLAND.

Lizenzen IN DER SPIELWARENBRANCHE
SIND AUF DEM VORMARSCH.
LAUT PROGNOSE SOLL DIESER BEREICH
UM **14 %** BIS 2020 WACHSEN.

Kinder konsumieren also unbewusst schon zu Beginn ihres Lebens eine ganze Menge. Laut Statistischem Bundesamt sind die monatlichen Kosten für Kinder in den vergangenen zehn Jahren um 13 Prozent gestiegen. Hier gilt als Faustregel: Je älter die Kinder, desto höher der Kostenanteil. Für ein sechsjähriges Familienmitglied kann noch mit unter 600 Euro monatlich gerechnet werden, für Jugendliche ab zwölf Jahren schlagen dann aber schon fast 800 Euro (inklusive Ernährung) im Monat zu Buche. Hat ja auch keiner gesagt, dass alles Zuckerschlecken ist. Doch nicht nur die Kosten des Konsums sollten uns Fragezeichen im Kopf aufblitzen lassen. Denn: Wohin nur mit den Möbeln, Kleidern, Spielzeugen, wenn die Kinder rausgewachsen sind?

Plastik- oder Kastaniensammeln

Natürlich stellt sich sofort die Frage: Brauchen Kinder überhaupt so viele Sachen? Reicht nicht EIN gutes Tragesystem statt Kinderwagen, Buggy UND Fahrradanhänger? Ist die Wickelkommode wirklich nötig oder lässt sich

nicht mit der Investition von einem Nachmittag und einem kleinen Ausflug in den Baumarkt auch ein Aufsatz für die Waschmaschine basteln? Und vor allem: Ist es nicht schöner, mit ihnen Kastanien zu sammeln, als wieder das bunte Drück-Schepper-Ding aus Plastik zu bespielen oder die Kleinen gar vor eine Spiele-App zu setzen?

Ich will das haben!

Die Sache ist nur die: Auch Kinder sind soziale Wesen. Die Konsumverführung ist groß und omnipräsent, denn die quietschbunten, glitzernden, blinkenden Sachen sind einfach überall. Von allen Seiten werden schon die Kleinen von Geburt an beschenkt, und zwar nicht immer mit pädagogisch oder ökologisch wertvollen Sachen. Selbst wer darauf immer achtet: Spätestens bei den Spielkameraden sieht das Kind dann die coole neue Actionfigur, das Ninjaschwert oder die Glitzerpuppe. Schließlich wird schon im Kindergarten darum gewetteifert, wer das tollste neuste Ding hat.

Sind wir dem Konsum also einfach ausgeliefert, weil wir unseren Kleinen kaum Dinge versagen können oder möchten? Erinnern wir uns an unsere eigene Kindheit und wollen wir unsere Kinder vor dem sozialen Ausschluss bewahren, Tränen und Wutausbrüche verhindern? Natürlich kann man mit pädagogischen Grenzen einiges erreichen. Doch auch die Sharing Economy hat viele Ideen zu bieten. Sie schonen nicht nur das Portemonnaie, sondern dazu die Umwelt. Und bringen vielleicht auch die Kleinen bald zu der Einsicht: Es muss nicht alles neu sein, was Spaß bringt.

>>Wohin nur mit den Möbeln,
Kleidern, Spielzeugen?<<

Mach was!

KINDERSACHEN TEILEN

Entspannt (Secondhand-)Shoppen
Die Zeiten des gemütlichen Bummelns in der Stadt sind für junge Mütter sowieso erst mal vorbei. Nicht nur deshalb sind auch Onlineshops für Kleidertausch sehr beliebt. Die Plattform www.mamikreisel.de bietet ganz allgemein Secondhandklamotten, bei der »Erwachsenenvariante« www.kleiderkreisel.de werden dann auch die Mamas fündig.

Einmal klicken, alles drin!
Komplette Baby-Erstausstattungen in Bioqualität, Sachen, die sozusagen mitwachsen? Gibt es bei www.cottonbudbaby.de. Die Journalistin Severine Naeve hatte diesen Shop gegründet und später gewinnbringend verkauft. Ihre Idee: Wäre es nicht günstiger und stressfreier, besonders die Kleidung fürs erste Babyjahr zu leihen und automatisch die nächste Größe zugeschickt zu bekommen? Selbst die großen Player wie Tchibo steigen nun ins Tauschbusiness ein; sie kooperieren dabei mit »alten Hasen« wie der relenda GmbH, zu der auch CottonBudBaby gehört. Auch die Künstlerin Astrid Bredereck hatte nach der Geburt ihres zweiten Sohnes nach einem ansprechenden Secondhandangebot, insbesondere für ökologische Wollsachen, gesucht. Sie musste erst ihren eigenen Shop starten, um diese Nachfrage zu erfüllen.
www.raeubersachen.de
> Weiterlesen auf Seite 182

Schenken macht Spaß ...
Hat man die Wachstumsexplosion im ersten Lebensjahr glücklich gemeistert, steht der Spielzeugteufel vor der Tür: Weihnachten, Ostern, Geburtstage, und alle Verwandten schenken ja soooo gerne. Nur eine Kleinigkeit. Schnell türmen sich die Plastikförmchen, Legosets und Krachmacher. Florian Spathelf wollte hier Abhilfe schaffen und gründete einen eigenen Spielzeugverleih.
www.meinespielzeugkiste.de
> Weiterlesen auf Seite 186

Eine ähnliche Idee findet sich bei der auf Lego (www.bauduu.de) spezialisierten Website wieder; auch www.kilenda.de verleiht Kindersachen, -ausstattung und ausgewähltes Spielzeug. Wer übrigens einen Kindergeburtstag planen »darf«, freut sich vielleicht über die bunten Spielekisten von www.geburtstagsfee.de.

DIE KUNST DES BEWAHRENS

Die Vier-Zimmer-Altbau-Wohnung von Astrid Brederecks Familie ist reduziert und einfach eingerichtet: weiße Wände, abgeschliffene Holzdielen, Ofenheizung, nur die nötigsten Möbel. Alles hell und einfarbig. Den großen Kleiderschrank haben ihr Mann und sie von der Straße aufgelesen und aufgemotzt, die Betten aus Holzresten selbst gezimmert. »Dass wir so leben, ist keine Lifestyle-Entscheidung – wir waren einfach lange freie Künstler mit wenig Geld«, sagt Astrid und lacht. »Aber wir würden es auch nicht anders wollen!«

Als die 41-Jährige dann vor drei Jahren, im Mai 2015, von der Künstlerin zur Unternehmerin wurde und mit Räubersachen anfing,

einer Onlinevermietung von ökologischen Kinder-Wollklamotten, war es aber erst mal vorbei mit dem Minimalismus in der Wohnung. Innerhalb von wenigen Wochen verwandelte sich ihr Zuhause, »unaufhaltsam und völlig unerwartet«.

Start-up im Atelier

Im Flur stapelten sich die gebrauchten Kartons für den Versand. Das Wohnzimmer füllte ein riesiger Wäscheständer fast aus, der auch noch ständig voll behängt mit Wollsachen war. Die alte Second-Hand-Waschmaschine im Bad war im Dauereinsatz. Im Atelierzimmer saßen an drei Schreibtischen fünf Mitarbeiter, die telefonierten, tippten, stopften, nähten, ausbesserten. Am Küchentisch saß ihre Mutter und schrieb per Hand die Mahnungen. Mittags räumte sie ihre Zettel weg und kochte für alle. Nur das Schlafzimmer und das Kinderzimmer des großen Sohns blieben unberührt.

»Es ging alles rasend schnell«, sagt Astrid und fasst sich an die Stirn. »Ich hätte nie erwartet, dass wir in so kurzer Zeit so groß werden würden.« Sie und ihr Team kamen kaum hinterher, neue Bodys, Hemden und Hosen zu besorgen, die gebrauchten Sachen zu waschen und zu reparieren.

Das Prinzip von Räubersachen: Die Kunden wählen je nach Wunsch und finanziellen Möglichkeiten den Zustand der Kleidung. Der Mietpreis wird je nach Zustand mindestens für einen Monat berechnet, anschließend pro Tag. Nur wenn die Klamotten grob beschädigt sind, wenn also ein Ärmel oder ein Hosenbein fehlt oder die Schuhe mit Edding vollgekritzelt sind, muss der Kunde draufzahlen. Flecken und Löcher sind kein Problem.

Die Idee kam ihr beim Abendbrot, im Januar 2015. »Es wäre so cool, wenn es eine Plattform geben würde, wo man gebrauchte Ökokinderklamotten mieten könnte«, sagt sie. Die Begeisterung am Esstisch hielt sich in Grenzen. »Mmh«, machten ihr Mann und ihr großer Sohn. Astrid beschloss trotzdem loszulegen. Sie war überzeugt von ihrer Idee und begann gleich am nächsten Tag damit, einen Onlineshop zu basteln.

Sie hatte damals schon einen langen Weg hinter sich. Wochenlang hatte sie zunächst alle Flohmärkte in ihrer Heimatstadt Halle durchforstet nach gebrauchten Ökoklamotten für ihren neugeborenen Sohn. »Einmal fand ich ein Strickjäckchen aus Wolle – allerdings in Größe 86, ich brauchte 50.« Sie hatte dann großes Glück: Über eine Freundin konnte sie bei einem Hersteller ökologische

Kinderkleidung zum Einkaufspreis beziehen. »Ich war immer schon eine Ökomama: Tragetuch statt Kinderwagen, dreieinhalb Jahre Stillen …« Die ersten Sachen ihres Sohnes inserierte sie bei eBay-Kleinanzeigen – wegwerfen kam nicht infrage. Innerhalb weniger Stunden kamen über 30 Anfragen.

>>Mit Räubersachen ging es mir nicht ums Business, sondern immer zuerst um die Sache.<<

Lebensspuren

Astrid schätzte schon als Künstlerin die Spuren, die das Leben an Gebrauchsgegenständen hinterlässt. Einmal hat sie einen Tisch mit weißer Kreide angemalt, eine Familie gebeten, ihn ein Jahr lang zu benutzen, und dann ausgestellt, mit all den Handabdrücken, Kratzern, Flecken. »Räubersachen ist auf eine Art Fortsetzung meiner künstlerischen Laufbahn.«

In ihrem Onlineshop vermietet Astrid ökologisch getestete Kinderklamotten in vier Zuständen: neu, sehr gut, gut – und Räubersachen. So nannte Astrids Mutter die Sachen, mit denen sie sich im Dreck wälzen konnte, ohne dass gleich jemand schimpfte, die schon mal gestopft worden waren, die Flicken hatten.

»Dem Laden habe ich diesen Namen gegeben, damit die Leute wissen, dass unsere Kleidung zum Tragen da ist. Keine Mama soll Hemmungen haben, ihre Kinder damit rauszuschicken.« Astrids liebste Stücke sind die geflickten Klassiker.

Das Prinzip funktioniert, die Firma wächst. Gerade ist sie zum zweiten Mal umgezogen, in eine alte Schule. Die 20 Mitarbeiter besetzen dort 250 Quadratmeter. Astrid ist auch nicht länger Chefin – »das war ich eigentlich eh nie wirklich«. Alle Mitarbeiter sind jetzt ganz offiziell für die Firma verantwortlich. Auch die Kunden unterstützen Räubersachen. Gerade hat das Team auf Instagram einen Aufruf ge-

startet, schon im Sommer Guthaben für den Herbst zu kaufen. Denn die Auftragslage in der Urlaubszeit ist mau und der Umzug hat viele Rücklagen verschlungen. Für fast 6000 Euro kauften Eltern Gutscheine.

»Ich habe Räubersachen nie als Business gesehen. Es ging mir immer zuerst um die Sache. Und das kommt bei den Kunden an«, sagt Astrid glücklich.

Eine Wand im Büro ist vollgeklebt: »Vielen, vielen Dank für alles. Ich bin sehr froh, dass es euch gibt. Ihr seid so ein wunderbar wahrgewordener Wunsch! Perfekt. Alles Gute für Euch«, steht da. Und: »Ich bin begeistert! Das ist eine Idee, die simpler nicht sein könnte und doch muss sie erst einmal jemand verwirklichen. Ihr trefft genau den Zeitgeist und das auf so eine herzliche liebevolle Weise.«

Portrait

ACH WÄRE ICH
DOCH NUR
WIEDER KIND ...

»So was wie Carsharing«, sagt Florian Spathelf, so was habe er auch machen wollen. Die Idee, dass viele sich einen Gebrauchsgegenstand teilen, um Umwelt und dazu noch Geldbörse zu schonen, fand er von Anfang an klasse.

Als er dann mal bei einem Abendessen mit Freunden zusammensaß, klagte eine junge Mutter, dass ihr Sohn so schnell die Lust an den schicken, neuen Spielsachen verliere. Ein paar Wochen nach Weihnachten rührte der Kleine von seinen Geschenken schon nichts mehr an. Ist das ein Wohlstandsproblem und tragen wir als Eltern selbst Schuld daran?

Florian erinnerte sich, dass er selbst als kleiner Junge eigentlich am liebsten mit seiner Holzeisenbahn gespielt hatte. Der Klassiker der schwedischen Firma BRIO, die übrigens schon seit 1884 Spielzeug kreiert und seit 2014 zu Ravensburger gehört, findet sich gefühlt in jedem zweiten deutschen Kinderzimmer. Die Eisenbahn ist sehr flexibel aufbaubar und robust, was wahrscheinlich der Schlüssel zu ihrem Erfolg ist. Doch natürlich bleibt sie nicht das einzige Spielzeug im Kinderzimmer, wäre ja langweilig.

Auch Florian hatte andere Spielsachen: Plastikschwerter, Bauklötze, Drück-Geräusch-Schie-be-Sachen. Doch als kleiner Junge langweilte er sich mit dem meisten anderen Kram schnell. Außerdem gingen einige Sachen einfach sehr schnell kaputt. An diesem Punkt seiner Grübeleien kam ihm die Eingebung: Er würde das Kinderzimmer revolutionieren, Kinderaugen immer wieder zum Strahlen bringen und Kisten voller Spielzeug verleihen! Ein bisschen darf da ruhig Weihnachtsatmosphäre aufkommen …

Die Spielzeugrevolution

Niemand will und kann so viel Spielzeug kaufen, wie auf dem Markt erhältlich ist. Aber: Alle wollen mitspielen, angeheizt von der allgegenwärtigen Werbung und der »Peergroup« auf dem Spielplatz lässt sich da kaum ein Ausweg finden. Florian Spathelf überlegte sich also Spielzeugkisten, die einen bunten Mix enthalten und altersgerecht zusammengestellt werden. Seine Kunden können von www.meinespielzeugkiste.de aber ebenso gut individuell nach Spielzeugen suchen. Seine Firma bietet eine monatliche Gebühr an, je nach Größe und Inhalt der gewählten Kiste. Das Spielzeug kann so lange behalten werden, wie die Kinder glücklich damit spielen. Zurück im Lager wird es fachmännisch gereinigt, luftdicht verpackt – und (übrigens versandkostenfrei) dem nächsten Kind geschickt.

Er kündigte also konsequenterweise, aber auch mit einem anfangs mulmigen Gefühl im Bauch den Beraterjob. Suchte sich ein Team zusammen. Wenig später überzeugte er bei der Start-up-Fernsehshow »Die Höhle der Löwen« die Investoren Frank Thelen und Jochen Schweizer. Die Verhandlungen liefen nach ausgeschalteten Kameras noch weiter, er konnte schließlich mehr als 200 000 Euro Startkapital gegen 15 Prozent der Anteile verbuchen. Seitdem ist die Zukunft des Unternehmens gesichert, große Spielzeugfirmen gewähren bessere Rabatte und das Sortiment ist auf über 500 Spielzeuge gestiegen.

Im Spielzeugparadies

Er und seine Kollegen wählen die Artikel sehr bewusst aus, damit sie gut zum Teilen geeignet sind: »Puppen oder Stofftiere haben wir prinzipiell nicht im Angebot. Eine Puppe oder ein Plüschtier ist ein Freund, den gibt man nicht zurück«, sagt Florian Spathelf. Anders die kleine Holzeisenbahn, wenn dafür mit der nächsten Kiste ein cooles Feuerwehrauto anrollt. Und auch auf Hersteller mit hohen Qualitätsstandards legt er bei seinen Kooperationen wert. Schließlich müssen die Sachen viele Kinder und den jeweils anschließenden Reinigungsprozess überdauern.

Zu den beliebtesten Spielzeugen seiner Kunden zählen heute übrigens eine Kugelbahn, ferngesteuerte Autos, aber selbstverständlich auch die BRIO-Bahn, mit der Florian Spathelf als Kind so gerne spielte.

Kaputte oder fehlende Teile werden ersetzt. »Lieblinge« können auch zu einem vergünstigten Preis gekauft werden.

Startkapital über »Die Höhle der Löwen«

Als der 34-jährige Betriebswirt von den Klagen der Mutter hörte, arbeitete Florian Spathelf, der auch Kunst studiert hat, noch als Unternehmensberater. Zunächst schmiss er ab 2012 die Spielzeugsache nebenher mit seinem Geschäftspartner Florian Metz. Doch es war schnell klar: Er traf einen Nerv. Hunderte Eltern in ganz Deutschland bestellten bald Kisten mit Spielzeug für ihre Ein- bis Vierjährigen. Heute sind Spielzeuge für Kinder bis zwölf Jahre im Angebot.

»Spielzeuge sind Gebrauchsgegenstände. Nichtsdestotrotz müssen sie gut in Schuss sein!«

... KLEIDERCHEMIE

Kinder. Wie um Himmels willen soll ich zu diesem Kapitel etwas beitragen? Ich habe keine Kinder und die Wahrscheinlichkeit, dass ich in näherer Zukunft welche bekomme, tendiert gegen null. Aber da ich stolze fünffache Tante und großer Kinderfan bin, habe ich eine Bitte an euch Mamas:

Gebrauchte Kinderkleidung ist nicht nur eine günstige Alternative zu Neukauf bei Textilschwede & Co., sie ist schlicht und einfach auch gesünder fürs Baby und die Umwelt: Denn je öfter ein Kleidungsstück gewaschen wird, desto weniger Chemikalien aus der Produktion bleiben drin.

Oft »durfte« ich Kleidung meiner Brüder auftragen, und immer wieder kamen Freundinnen meiner Mama, die ältere Kinder hatten, mit Säcken voller Kleidung an. Sehr oft wurde ich im Secondhandladen bei uns ums Eck eingekleidet. Meine Mama versuchte damit, Geld zu sparen, doch sie sparte auch unbewusst chemische Belastung für mich.

In der Produktion von Kleidung werden Hunderte von Chemikalien eingesetzt, beim Weben der Stoffe bis hin zur Endfertigung. Besonders in der sogenannten »Nassproduktion«, also beim Färben, Waschen und Veredeln der Kleidung und Stoffe, sind oft giftige Chemikalien im Einsatz. Diese werden genutzt, um Farben zu fixieren oder um Kleidung schmutzabweisend oder weich zu machen. Lasst mich dazu eine Geschichte erzählen:

Achtung, Chemienachhilfe

Ein Beispiel dafür sind Nonylphenolethoxylate (NPEO). Diese Tenside konnten seit 2011 von Greenpeace in einer Vielzahl von Kleidungsstücken, darunter auch Markenkleidung oder Kinderkleidung aus dem Supermarkt, nachgewiesen werden. Seit 2003 dürfen NPEO laut EU-Richtlinie nicht mehr ins Abwasser oder in direkten Kontakt mit Menschen gelangen, weil sie hormonelle Aktivität zeigen und toxisch wirken. Das »Gute« daran: Die Tenside waschen sich sehr schnell zu nahezu hundert Prozent raus, wenn man die Kleider zu Hause nach dem Kauf in die Waschmaschine wirft. Das Schlechte: In der Umwelt bauen sich NPEO zu Nonylphenol ab, das ist dann persistent, also kaum biologisch abbaubar. Also noch blöder: Es belastet über die Abwässer unsere Flüsse und Seen. Dort erkennt man dann die Auswirkungen besagter hormoneller Aktivität – die ist beispielsweise der Grund dafür, wieso es heute in Europas Flüssen weitaus mehr weibliche als männliche Fische gibt. Blöde Sache. Nach dem Verwendungsverbot der EU sank die Belastung der Gewässer mit NPEO zwar, aber bei Weitem nicht auf null. Der Grund? Immer mehr Kleidung wird außerhalb von Europa billig produziert und importiert. Diese (Marken-)Sachen enthalten große Mengen der Tenside, die durchs Waschen dann, zack, wiederum in unsere Flüsse und Seen wandern.

Die Moral von der Geschichte? Es ist im Grunde schnurzpiepegal, welche Marke man fürs Kind kauft: Gebraucht ist immer besser. Aus

gebrauchter Ware waschen sich auch keine NPEO mehr raus, sie sind schon draußen (und weil man eh Gebrauchtes kauft, heizt man weder den Absatzmarkt noch den giftigen Waschkreislauf weiter an).

Und dann wären da noch die PAK ...

Greenpeace testete Kinderkleidung auch auf andere Grässlichkeiten wie zum Beispiel polyzyklische aromatische Kohlenwasserstoffe (PAK). Schon die Bezeichnung lässt nichts Gutes ahnen und da kommt's auch schon: Viele dieser Verbindungen, die man häufig als Weichmacher in T-Shirt-Aufdrucken findet, gelten als krebserregend. Aber bevor jetzt jede Mama mit aufgerissenen Augen und Grausen zum Kleiderschrank der Kinder läuft: Ich kann euch beruhigen. Das Tragen der Kleidung per se ist für Kinder nicht gefährlich, selbst wenn die Kleidung neu ist. Allerdings kann es in sehr seltenen Fällen zu Hautirritationen kommen.

Für importiertes Kinderspielzeug gelten strenge Regeln, was Chemikalien angeht. Klar muss man an dieser Stelle vorsichtig sein, wenn es um den Einsatz von Chemikalien geht, die für die sowieso noch nicht voll ausgeprägten Immunsysteme der kleinen Wesen wahre Hämmer sein können. Doch bei meiner Arbeit für Greenpeace habe ich immer nachgefragt: Warum gibt es keine solche Regelung für Kinderkleidung? Ich finde das bedenklich, ich habe allein schon drei meiner fünf Neffen und Nichten an ihren Ärmeln herumsabbern sehen oder an dem Plastikdruck

auf ihren T-Shirts kratzen. Da kann es ja auch gut sein, dass Teile solcher Aufdrucke (die übrigens unter Garantie IMMER das Giftigste an Kleidungsstücken für Kinder sind) dann doch im Mund landen. Apropos Aufdrucke: Für Babys und Einjährige gibt es immer alles in Bioqualität, natur-, hautverträglich, sanft, häufig schön farblos-beige. Doch kaum passt den Kindern Kleidung für etwa Zweijährige, ersticken die Sachen förmlich in Bärchen-, Prinzessinnen- und Monsteraufdrucken. Genau diese Beschichtungen sind aber mit vielen Chemikalien hergestellt, daran herumlutschen sollten Kinder definitiv nicht.

Aber ich will hier nicht groß Panik machen, Angst ist der schlechteste Ratgeber im Leben. Ich empfehle als Nicht-Mama daher: Kauft auf Flohmärkten und in Secondhandläden. Konsultiert Verbraucherratgeber wie etwa von Ökotest und aktuelle Umweltstudien. Und beim Neukauf: Kauft Ökoware, die fair produziert wurde, die auch wirklich viele Waschgänge übersteht. Denn die Qualität ist oft der große Haken bei Billiganbietern. Wenn beim Kauf wunderbar kuschelige Strampelanzüge nach drei Waschgängen aussehen, als ob sie einmal unter die Betonwalze geraten wären, kann man die eigentlich nur noch wegwerfen, anstatt sie weiterzugeben. Und dass wir alle sowieso schon viel zu viel wegwerfen, vom Essen über Müll bis hin zu Kleidung, ist ein trauriger Fakt. Aber einer, den wir mit unserem Handeln beeinflussen können.

Nunu Kaller

#10 Books & Art

Kunst ist teuer und elitär?
Überhaupt nicht!
Kunst wurde schon im 19. Jahrhundert verliehen.
Etwa 140 Artotheken,
also Kunstverleihstellen, gibt es deutschlandweit.
Und da findet man zeitgenössische Werke
für eine geringe Monatsgebühr.

Zeitgenössische Kunst
von Sevil Amini

HASTE MAL'N BISSCHEN KULTUR?

Wer einmal damit begonnen hat zu tauschen, teilen, leihen, dem fällt es erstaunlicherweise fast schwer, sich etwas Nigelnagelneues zu kaufen. Von diesen Massen an Überfluss, die in immer schnellerem Tempo auf den Käufermarkt geworfen werden. Laut Gesellschaft für Konsumforschung (GfK) ist der private Konsum weiter im Wachstum. Etwa 40 Milliarden Euro (von 170 insgesamt) setzen wir Deutschen dabei jährlich beim Onlinehandel um. Wenn man sich einmal Gedanken darüber gemacht hat, wie viele Ressourcen wir mit unserem unsinnigen Konsumverhalten verbrauchen, und vor allem: wie viele tolle Alternativen es gibt, der zögert, einen Laden zu betreten. Oder ständig und im Grunde doch unnötigerweise bei Onlineshops zu bestellen. Mir und vielen meiner Freunde jedenfalls geht es mittlerweile so.

Geteilte Kunst

Aber nicht alles ist ja Kommerz: Kunst und Kultur gehören schließlich auch zu unserem Alltag. Sollte jedenfalls so sein, denn Kunst kann auf leisen Pfoten neue Horizonte öffnen und Kommunikation mit anderen anstoßen. Ist das nicht auch ein geteiltes Stück der Sharing Economy? Wer sich auf Kunst in ihren zahlreichen Facetten einlassen kann, dem geht es mit großer Wahrscheinlichkeit besser, der braucht seltener Frustschokolade nach einem furchtbaren Arbeitstag.

Genau wie meine Freunde gehe ich gern in Ausstellungen und zu Kunstevents. Die holen mich aus dem Alltagstrott, zeigen andere Wege auf, wie man sich im Konstrukt »Leben« bewegen kann. Kann man sich so ein »Allheilstück« nicht auch nach Hause holen? Nun ja, sagen die Skeptiker, Kunst in der eigenen Wohnung? Ist teuer und elitär. Dachten wir auch, aber nur bis vor Kurzem. Bis einer in meinem Freundeskreis anfing, Kunst aus Artotheken zu leihen. Artotheken funktionieren wie Bibliotheken, nur mit Bildern: Man kann gegen eine geringe Gebühr Skulpturen und Bilder ausleihen. Je nach Verleihkonzept und Gefallen kann man das Werk anschließend auch käuflich erwerben.

Kunst muss also nicht an der Wand verstauben: Das Münchner Artomobil geht bei Stadtteilevents auch direkt auf die Menschen zu. Zum 30-jährigen Jubiläum der Artothek performte Louisa Abdelkader als nörgelige Sammlerin – Kunst muss nicht bierernst sein.

LEBENSBEGLEITER

367 Mio. Bücher
WERDEN PRO JAHR GEKAUFT,
SEIT 2013 EIN RÜCKGANG VON
17,8 %.

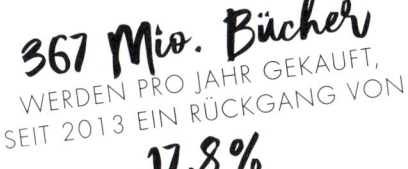

26 % DER BESITZER VON
GEORGE ORWELLS »1984«
HABEN ES NIE GELESEN.

NEU!

ÜBER **70 000**
Neuerscheinungen
GIBT ES JÄHRLICH.

>> Kunst muss nicht bierernst sein. <<

Das erste Werk, das sich unser Freund im Neuen Berliner Kunstverein lieh, war ein rechteckiger Marmorklotz von Hüseyin Altin. Er war kaum größer als ein Buch und durch das strahlende Weiß zog sich in unheilvollem Schwarz von leicht schräg bis fast ganz oben ein kleiner Spalt. Der Künstler hatte ihn hineingesägt, »per Hand«, wie mein Freund fasziniert erklärte, als er uns die Skulptur zum ersten Mal zeigte. Das Werk heißt: »Es tut sich was«.

Jedes Mal, wenn wir nun gemeinsam auf seinem Sofa saßen, blickten wir auf den Klotz, der davor auf dem Dielenboden stand. Je länger wir ihn betrachteten, desto mehr sahen wir. Wir malten uns aus, wie der Künstler stundenlang in den Stein sägte, wie er schwitzte und fluchte. Uns imponierte, wie viel Zeit und Energie er in die Umsetzung seiner Idee gesteckt hatte. Wie sehr er daran glaubte. Diese Idee ohne einen augenfälligen Nutzen.

Besser als Tatortgucken

Als der Freund die Skulptur nach drei Monaten wieder zurückgab, waren wir fast ein bisschen traurig. Dann lieh er sich das nächste Werk – ähnlich wie beim Spielzeugmieten rollte also das nächste »Teil« in die Wohnung. Es handelte sich um eine Fotogravur, die einen Ausschnitt aus einer Performance der serbischen Künstlerin Marina Abramović zeigte. Sie trägt einen Overall, auf den ein Skelett gedruckt ist, und steht mit ausgebreiteten Armen und Beinen in einem großen Stern, den an die hundert Kinder bilden. Wir waren neugierig geworden, schauten uns gemeinsam im Netz alle Videos der Performance in ganzer Länge an, diskutier-

ten stundenlang, was Abramović zeigen will. Das war mindestens so spannend und inspirierend wie der Marmorstein. Und allemal besser als der Tatort am Sonntagabend.

Eine ganz andere Art von Kultur, sozusagen sehr natürliche, verschenkt eine Freundin mit grünem Daumen. Statt zum Abendessen mit der fast obligatorischen Flasche Wein oder gar einem unsinnigen Geschenkbuch à la »Glück für jeden Tag« aufzutauchen, hat sie Ableger ihrer Pflanzen dabei. Diese sind hübsch in Seidenpapier eingeschlagen und mit Schleife versehen. Zwar gelingt es nicht allen von uns, diese Geschenke zu immerwährenden grünen Begleitern hochzupäppeln. Doch die Idee, etwas aus eigener Hand Geschaffenes zu teilen, ist einfach wunderbar.

Auch ein Stück Kultur: individuelle Zeit. Ein Kumpel, der gern tüftelt, verschenkt Gutscheine für Reparaturen. Ich freue mich immer über die Zehnerkarten fürs Reparieren von platten Reifen. Da Fahrradreifen eigentlich alle paar Monate mal die Luft ausgeht (zumindest meinen), garantiert diese Abmachung auch, dass ich besagten Kumpel regelmäßig sehe. Das Nigelnagelneue aus dem Geschäft hat bei mir wirklich ausgedient.

Mach was!

KULTUR KANN MAN TEILEN

Mobile Kunst

Kunst eignet sich von Haus aus als Objekt der Sharing Economy – sie will ja eigentlich geteilt werden, auch wenn einige Sammler ihren millionenschweren Renoir unbedingt im stillen Kämmerlein und nur für sich allein an die Wand hängen mögen. In München geht man dafür auch raus auf die Straße – mit Kunstvermittlungsaktionen der mobilen Artothek.
www.artothek.org, www.dieartothek.de
> Weiterlesen auf Seite 200

Offen für alle

Herkömmliche Bibliotheken gibt es natürlich in allen Stadtteilen und auch auf dem Dorf. Eine geschickte Spielart sind Miniaturbibliotheken, wo man sich kostenlos, zu jeder Tages- und Nachtzeit mit Lesestoff versorgen kann (ohne die Verpflichtung, ein Buch zurückzubringen). Sie stehen mittlerweile in vielen Städten an öffentlichen Plätzen. Das Beste ist: Obwohl längst nicht jeder, der ein Buch entnimmt, auch eines hineinstellt, sind die Schränke immer prall gefüllt.
www.openbookcase.org/map
www.schwabinger-buecherschrank.de
> Weiterlesen auf Seite 206

Anders konsumieren

Kunst und Kultur fordern eines: Zeit. Sich mit ihnen zu beschäftigen, abzutauchen, einzusinken, wieder heraufzuschwimmen an die Oberfläche des Alltags. Warum also nicht gleich, wie mein Fahrradkumpel, Zeit teilen, also verschenken? Der Werbefachmann Michael Volkmer stellt dem fünften Schal und dem zehnten Parfüm neue Geschenkideen entgegen.
www.zeit-statt-zeug.de
> Weiterlesen auf Seite 210

Fortlaufendes Ausstellungsformat »Paperfile« von der Berliner Galerie oqbo in der Artothek München

TILL BRÄUNING

gründete 2011 die artothek
in Hamburg. Seine Idee:
Zeitgenössische Kunst gegen
Gebühr in private Wohnzimmer zu bringen. Gekauft werden können die Werke auch;
die zuvor gezahlten Gebühren
werden auf den Kaufpreis
angerechnet.

Lebensmotto:

» *Kunst ist keine einfache Sache.* «

ALTES KONZEPT, NEUE KUNST

INTERVIEW MIT DEM GALERISTEN TILL BRÄUNING

Das Konzept einer Artothek, Bibliothek für Kunstwerke, ist über 200 Jahre alt. Till Bräuning hat es neu aufgelegt. Online bietet er gegen Mietgebühr rund 700 Werke internationaler, zeitgenössischer Künstler an. Im Programm befinden sich vor allem Bilder, aber auch Skulpturen.

Verstaubt, versnobt, vermietet

Und was ist daran nun so neu? Deutsche Artotheken sind meist an öffentliche Bibliotheken angeschlossen, besonders das Onlineangebot erscheint häufig verstaubt, unübersichtlich und vor allem für Kunstneulinge nicht sehr einladend. Dagegen tritt Till Bräunings Konzept an. Er weiß, dass die Auseinandersetzung mit Kunst »keine einfache Sache« ist. Umso attraktiver sollte man sie präsentieren, umso lebendiger sollte man sie darstellen. So bringt die artothek zu jedem Kunstwerk gleich einen visuell nachvollziehbaren Größenvergleich.

Die Zusammenstellung von die artothek soll (junge) Menschen zu Beginn ihrer Berufslaufbahn ansprechen. Menschen, die sich gerade an Kunst herantasten, die sich erst mal nicht festlegen, die experimentieren wollen. Die vielleicht gar nicht damit rechneten, dass ihnen ein Bild wie »Am Steuer« von Chantal Maquet in den eigenen vier Wänden den Alltag auffri-

schen könnte. Bräunings übersichtliche Site ist klar und visuell nachvollziehbar gestaltet, durch die Filtermöglichkeiten (Kategorie Kunstwerk, Gebührenhöhe, Größe) fühlt man sich fast wie beim Onlineshopping. Das ist gut so, denn so wird Kunst vom Sockel geholt. Magentafarbene Streifen markieren, ob ein Bild aktuell schon vergeben ist – der Anteil schwankt, um die 30 Prozent der Bilder sind jedoch meist »unterwegs«. Nach dem Motto »Buy it or leih it« ist das Konzept bisher sehr erfolgreich.

Chantal Maquet: »Am Steuer«, Öl auf Leinwand

ZAZA: »heute«, Filzstift auf Kappaboard

Warum hast du die artothek gegründet?

Bei meinen Ausstellungen in der Galerie habe ich immer wieder gemerkt, dass einige Freunde und Bekannte mit dem, was ich zeige, nicht viel anfangen können. Als Galerist muss man das Programm ja sehr klar definieren, um in der Szene auf sich aufmerksam zu machen. Das ist dann oft sehr speziell und für viele gar nicht mehr wirklich interessant. Ich wollte einen niederschwelligen Zugang zu Kunst schaffen. Dafür ist die artothek perfekt.

Was ist das Besondere an euch?

Im Gegensatz zu öffentlichen Einrichtungen, die sich meist auf lokale Künstler konzentrieren, haben wir ein sehr internationales Angebot. Bei uns kann man die Bilder auch kaufen. Die gezahlte Gebühr wird als Anzahlung auf den Kaufpreis angerechnet. Das passiert häufig.

Warum mieten statt kaufen?

Kunst ist keine einfache Sache. Ein Kunstwerk schmückt einen Raum nicht einfach. Es macht etwas mit ihm, es verändert ihn. Um herauszufinden, welche Kunst man mag, muss man mit Werken leben. Da kann man sich am Anfang, beim Betrachten im Katalog, in der Galerie – und auch später – immer wieder mal täuschen.

Die Flexibilität, die unser Leben heute verlangt, macht es außerdem oft einfach unmöglich, sich festzulegen. Wer möchte schon 5000 Euro für ein Kunstwerk ausgeben, das nach dem nächsten Umzug nicht mehr in die Wohnung passt?

Wie kamst du selbst zur Kunst?

Ich bin inmitten von Gemälden und Skulpturen aufgewachsen. Meine Eltern würden sich zwar nie als Sammler bezeichnen, aber sie besitzen mehr Werke, als sie in ihrem Haus zeigen können. Und sie kaufen immer Neues dazu. Wahrscheinlich deshalb kann ich mir nicht vorstellen, ohne Kunst zu leben. Aus der Faszination habe ich dann irgendwann meinen Beruf gemacht – und meine eigene Galerie eröffnet.

Wie kuratierst du mit deinem Team die artothek?

Erstmal nach Qualität. Dann aber auch nach ganz praktischen Gesichtspunkten: Die Kunst muss eher visuell als konzeptuell funktionieren, denn die Leute suchen die Werke bei uns online, am Bildschirm. Sie muss sich außerdem gut verpacken lassen, da wir sie per Post verschicken. Eine fragile Styroporskulptur werden wir nicht auswählen. Wir wollen außerdem ein möglichst breites Spektrum abbilden.

Unser jüngster Zugang ist die iranisch-italienische Künstlerin Sevil Amini. Ihre Werke sind sehr poetisch, voller persischer Einflüsse. Das ist eine wunderbare Ergänzung zu unserem bisherigen Angebot.

Wie finden die Künstler das Prinzip?

Bei den Künstlern kommt die Idee gut an. Schließlich verstauben verliehene Bilder nicht ungesehen in irgendwelchen Depots. Außerdem ist die artothek für sie eine Plattform, um größere Bekanntheit zu erlangen.

Wie nutzen die Kunden die artothek?

Manche Kunden bestellen sich wirklich alle drei Monate ein neues Gemälde, probieren sich aus. Einen »Mietrenner« gibt es nicht, denn etwa die Hälfte der ausgeliehenen Werke werden am Ende tatsächlich gekauft.

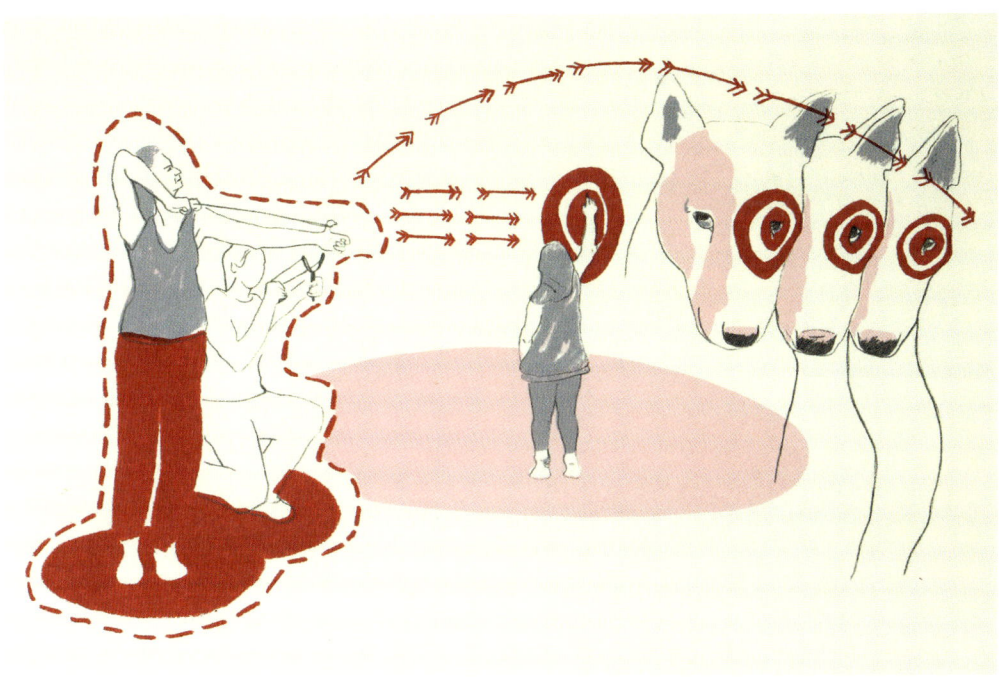

Karin Brosa: »Ins Auge gefasst«, Siebdruck

So geht's

KUNST MIETEN

Schon in Deutschland gibt es etwa 150 Artotheken (deutschlandweite Übersicht: **www.artothek.org**), ein paar auch in Österreich und in der Schweiz. Die meisten sind städtische Einrichtungen, häufig an Bibliotheken angegliedert. Sie sollen vor allem zeitgenössische lokale Künstler fördern und gleichzeitig den Bürgern einen barrierefreien Zugang zu Kunst ermöglichen. Ähnlich wie in einer Bibliothek kann man dort Bilder und Skulpturen über einen festgelegten Zeitraum, gegen eine geringe Gebühr (bei den öffentlichen Einrichtungen zahlt man meist sogar nur die Versicherungsgebühr) leihen.

- Die Münchner Artothek mit über 2000 Kunstwerken im Bestand geht sogar noch einen Schritt weiter, und zwar auf die Menschen zu: Mit ihrer Mobilen Artothek bietet sie Auktionen lokaler Kunstwerke als Teil von Stadtteilaktionen, Stadtteilrundgängen und generell Raum für Diskussion an.

- Artotheken mit interessantem, großem Programm: www.muenchen.de/artothek, www.museenkoeln.de/artothek, villa-zanders.de (Artothek in Bergisch Gladbach), artothek-aschaffenburg.de, artothek-augsburg.de, nbk.org/artothek (Artothek des Neuen Berliner Kunstvereins), www.artothek.at (Wien), www.mediatheque.ch (Wallis)

gedacht. Wiederbringen optional. Ein herrlicher Umschlagplatz für Bücher aller Art.

Wer ein Buch für immer behalten will, kann auch das tun. Und erstaunlich, aber wahr: Das quasi anarchistische Prinzip funktioniert. Der Bücherschrank ist immer prall gefüllt. Dabei sortieren die acht Patinnen (und ein Pate) – Freiwillige, die dafür sorgen, dass der Schrank sauber und aufgeräumt ist – sogar jeden Tag alle Bücher aus, die zu zerfleddert oder zu bekleckert sind.

Eine Mitt-Fünfzigerin läuft nun zielstrebig auf den Kasten zu. Unterm Arm trägt sie einen dicken Bildband zur Kunstgeschichte. Sie schiebt eine Tür auf. Ganz unten ist noch eine Lücke, sie quetscht ihren Band dazu. Ein Student stellt sein Fahrrad vor der Box ab. »Mal schauen, was es Neues gibt«, begrüßt er die Frau und zieht ein Buch heraus: Elena Ferrante, *Lästige Liebe*. Die Frau liest interessiert den Titel. »Das ist schön!«, und greift zu Kehlmann. »Kennen Sie das?«, fragt sie in Richtung des Studenten. Der nickt. »Mein Fall war's nicht.« – »Was würden Sie mir denn empfehlen?« Und dann geht es hin und her:

»Alles von Ferrante ist toll.« – »Find ich auch.« – »Kennen Sie *Die Geschichte des verlorenen Kindes*?« –»Was habe ich geweint, als Elena ihre Töchter endlich wiedersieht …!«

Bei Daniel Kehlmanns Die Vermessung der Welt sind ein paar Seiten lose, der Vorbesitzer hat sie liebevoll an der richtigen Stelle eingelegt und mit einer Büroklammer befestigt. Beim Lesen des Ratgebers *Simplify your life* hat wohl jemand Kaffee verschüttet. Henning Mankell und Elena Ferrante dagegen sind wie neu.

An die 400 Romane und Sachbücher findet man in der Bücherbox vor dem Nordbad im Münchner Stadtteil Schwabing-West. Vor dem klassisch-monumentalen gelben Bau fällt der Glaskasten erst mal kaum ins Auge. Alle Bücher, die drinnen stehen oder liegen oder irgendwie hineingequetscht wurden, sind zum Mitnehmen

Bücher im urbanen Raum

Die Box ist rund um die Uhr geöffnet. Eine Aufsicht oder Videoüberwachung gibt es nicht. Ich wundere mich schon: Gibt es denn gar keinen Vandalismus? »Nein«, erwidert Doris Niemann entschieden. Sie ist stellvertretende Vorsitzende des Offene Bücherschränke Schwabing-West e. V. Das wird wohl einerseits mit der Location zu tun haben (viele Familien gehen im Nordbad schwimmen, das Viertel ist weder Partymeile noch sozialer Brennpunkt): Die Werke sind nie so ganz allein. Und: Sind wir nicht alle dazu erzogen worden, Büchern mit Respekt zu begegnen?

Der resoluten Doris Niemann ist es zu verdanken, dass in München heute in vielen Stadtvierteln solch ein offener Bücherschrank steht. Das SPD-Mitglied war 2008 bis 2014 in einem der Münchner Bezirksausschüsse vertreten, die Stadtteilfragen regeln. Für den ersten Schrank musste sie hart kämpfen. Im Jahr 2013 war es dann so weit, der Schrank am Nordbad wurde eröffnet.

Sondernutzungsrecht

Eine Bücherbox auf städtischem Grund? Das wollte die Stadt erst nicht. In München gibt's doch schon viel zu wenig Platz. Sie musste also ein privates Grundstück finden, das öffentlich zugänglich ist und zentral gelegen. Dann musste sie bei 13 verschiedenen Stellen Genehmigungen einholen, meist gegen bürokratisch und subjektiv bedingte Widerstände. Ihr Engagement erregte Aufsehen, im Münchner Stadtrat beschloss man schließlich, die

Sondernutzungsrechte für öffentlichen Grund zu ändern. Heute sind Bücherboxen auf städtischem Boden erlaubt und das Genehmigungsverfahren ist vereinfacht.

Entdeckt hatte Doris Niemann die Bücherschränke in Wien, wo ihr Sohn lebt. Nicht weit von seiner Wohnung steht einer. Als sie das erste Mal zu Besuch war, beobachtete sie jeden Tag fasziniert das Geschehen dort. Ständig stand jemand an der Box, blätterte in den Büchern, unterhielt sich mit anderen Passanten. Das ist doch mal gelebte Stadtteilgemeinschaft. So was wollte Doris Niemann auch daheim in Schwabing haben.

Eine adrett gekleidete ältere Dame nähert sich jetzt dem Bücherschrank, eine der Bücherpatinnen. Mit spitzen Fingern steckt sie den Ratgeber mit den Kaffeeflecken in eine Plastiktüte und zieht dann aus ihrer großen Handtasche eine Dose, »Hund-hau-ab-Spray«, sprüht damit kurz den gesamten Sockel des Schranks ein. Dann steigt sie leidenschaftlich mit in die Schwärmerei über Elena Ferrante und ihre neapolitanische Saga ein.

So geht's

OFFENE BÜCHERSCHRÄNKE

Die allererste öffentliche Bücherbox stellten die Aktionskünstler Clegg & Guttmann im Jahr 1991 in Graz auf. Damit war die Idee der kostenlosen Freiluftbibliotheken in der Welt. Doch erst Ende der 1990er-Jahre wurden in Deutschland die ersten dauerhaften Bücherschränke eingerichtet, in Darmstadt und Hannover, in Österreich sogar erst im Jahr 2010 in Wien. In Basel, wo es in vielen Cafés schon länger Bücherregale zum Abgeben und Mitnehmen gibt, steht seit Juni 2011 der erste öffentliche Bücherschrank der Schweiz.

Einige der Bücherboxen sind echte Hingucker. Mal ist es eine alte Telefonzelle, mal ein umfunktionierter Kleiderschrank, mal eine extra für den Zweck angefertigte, so ziemlich unkaputtbare Glasvitrine wie die in Schwabing-West. In Hamburg gibt es auch öffentliche Bücherregale in über hundert Linienbussen.

Portrait

—

DEN GUTEN FREUNDEN
GEMEINSAME ZEIT
SCHENKEN.
DER WELT WENIGER
VERBRAUCH.

MICHAEL VOLKMER
ERFINDER VON ZEIT STATT ZEUG

ZEIT STATT ZEUG

Michael Volkmer saß wie immer im September mit seinen Kollegen zusammen, auf Ideensuche für eine originelle Weihnachtsaktion für die Kunden seiner Werbeagentur. Da brachte einer den »Earth Overshoot Day« ins Spiel, den Welterschöpfungstag. Die Nichtregierungsorganisation Global Footprint Network berechnet diesen Tag jährlich aufs Neue. An diesem bestimmten Tag sind alle natürlichen Ressourcen verbraucht, die die Erde im laufenden Jahr für jeden Menschen bereithält.

Immaterielles Weihnachten

»Je länger wir drüber nachdachten, desto klarer war uns, dass wir überhaupt gar nichts schenken würden. Alles andere wäre inkonsequent gewesen«, erinnert sich Michael an jene Sitzung im Herbst 2013. »Die Frage war nun: Wie können wir trotzdem, wie üblich zu Weihnachten, unsere Kunden auf uns aufmerksam machen?«

Das Ergebnis des Brainstormings: Eine Plattform für Zeitgeschenke, www.zeit-statt-zeug. de. Das dritte Handy, der fünfte Schal, das sechste Parfüm – wenn es darum geht, Menschen eine Freude zu machen, werden oft überflüssige Dinge verschenkt. Dabei gibt es etwas, das deutlich wertvoller ist als Konsumgüter: gemeinsam verbrachte Zeit. Auf besagter Website kann man (kostenfrei) Zeit-Geschenke verschicken, zum Beispiel »Zoobesuch statt Stofftier«, »Reparieren statt neu kaufen« oder »Waldluft statt Parfüm«. Die Site ist aufgebaut wie ein herkömmlicher Webshop, man findet sich schnell zurecht im ansprechenden Design. Doch anstelle von materiellen Produkten bietet der »Shop« schneidige Ideen für Zeit-Präsente. Sie können online ausgesucht und mit einer persönlichen Nachricht als E-Card verschickt werden.

Begonnen hat alles vor zehn Jahren bei der »see-Conference« (Design-Konferenz), zu der seine Agentur Scholz & Volkmer regelmäßig internationale Sprecher einlädt. »Damals rief der Forscher Fritz Reusswig vom Potsdam Institute for Climate Impact Research die Designer auf, sich des Themas Nachhaltigkeit anzunehmen. Die Wissenschaft könne den Klimawandel zwar beweisen, aber nicht kommunizieren«, erzählt Michael Volkmer. »Für mich war das ein Weckruf.«

Als er die Agentur im Jahr 1994 als frischgebackener Diplomand mit seiner Kommilitonin Annette Scholz gründete, ging es den beiden

erst mal vor allem darum, Kreativprojekte mit interaktiven Medien umzusetzen. Schnell machten sie sich in der damals noch jungen Digitalszene einen Namen. Zu den ersten Kunden zählten Udo Lindenberg, Opel, Mercedes-Benz.

Als die Agentur allerdings den zweihundertsten Mitarbeiter einstellte, fühlte es sich plötzlich nicht mehr richtig an weiterzuwachsen. So, wie es all die anderen machten. Heute sagt Michael Volkmer: »Wer einmal verstanden hat, dass Wachstum in der heutigen Definition global nicht funktionieren kann, hat eine moralische Verpflichtung zu handeln.« Siehe Thema »Welterschöpfungstag«.

Umwälzen: »Umwelten«

Kurz nach Reusswigs Hilferuf gründeten sie eine neue Abteilung: »Umwelten«. Michael Volkmer würde mit ein paar Kollegen Kampagnen für mehr Nachhaltigkeit betreuen, Geldverdienen war erst mal nicht Priorität. »Die größte Herausforderung dabei war und ist: Wie kann man Menschen zum Umdenken bzw. nachhaltigen Handeln motivieren?«

Um sich mit der »Währung« CO_2 vertraut zu machen, wurde die Agentur zunächst klimaneutral zertifiziert. Es folgt die Entwicklung der Radwende-App. Das Prinzip dieser Tracking-App ist denkbar einfach: Sie zeichnet die real gefahrenen Strecken der Nutzer auf und visualisiert sie auf einer digitalen Karte. Nach dem Motto »Jeder tatsächlich gefahrene Kilometer zählt«, sammelt man somit Rad-Kilometer. Kommen dann beispielsweise kollektiv 1000 gefahrene Kilometer zusammen, könnte dafür ein Kilometer Radweg neu gebaut werden. Gleichzeitig können Stadtplaner diese Daten für die Verkehrsplanung nutzen. In Linz wurde dieses Projekt Realität. Die Stadtpolitik und Rad-Aktivisten ziehen an einem Strang. Je mehr Kilometer gefahren werden, desto mehr tut die Stadt für die Radgemeinschaft.

Dabei geht es um Businessmodelle in Sachen Nachhaltigkeit. Mit dem Kiezkaufhaus wurde etwa ein Produkt geschaffen, das sich potenziell selbst trägt (auf www.kiezkaufhaus.de kann man Produkte von lokalen Händlern online bestellen und sich mit dem Lastenrad liefern lassen). Das Ziel dabei: das sich gesellschaftliches Engagement auch kommerziell bezahlbar macht. Und damit weitere Kunden der Agentur motiviert werden, sich für Nachhaltigkeit einzusetzen.

Gutschein 2.0

Als bei jenem Brainstorming im September 2013 das erste Mal die Idee aufkam, Zeitpräsente zu verschenken, war natürlich ein Gedanke naheliegend: »Wo ist eigentlich der Unterschied zwischen >Zeit-statt-Zeug< und einem gewöhnlichen Gutschein, den jeder zuhauf in der Schublade liegen hat«, warf Michael Volkmer ein. Die Lösung war dann aber ganz einfach. Bevor man das Zeit-Geschenk an einen Freund schicken kann, muss man einen Termin mit sich selbst vereinbaren. Das schafft Verbindlichkeit und verwandelt die Gutscheine zu Erlebnissen, die wirklich stattfinden.

Die Zeit-Geschenke wurden zum Renner, obwohl die Macher von Zeit-statt-Zeug nie richtig Werbung dafür gemacht haben. Die Site, die zunächst nur für die Kunden der Agentur gedacht war, haben bisher mehr als 170 000 Menschen genutzt. User waren so begeistert, dass sie sich bei der Agentur meldeten, um die Plattform in andere Sprachen zu adaptieren. Heute kann man Zeit-Geschenke auch auf Englisch, Spanisch, Französisch, Polnisch und Tschechisch verschicken.

Michael Volkmer selbst verschenkt heute tatsächlich fast nur noch Zeit-Geschenke. »Nur bei meinem Sohn kommt das nicht so gut an«, sagt er und lacht. »Für ihn muss ich dann doch Elektronikbauteile bestellen.«

... ALTPAPIER

»Das war keine große Sache, denn in Wahrheit war's ganz einfach!« Puh, irgendwie sehr cool dahingesagt von Sabine. Sabine ist eine Freundin von mir und Mama eines Mädchens. Als ihr Kind noch in der Grundschule war, kam Sabine eine Idee: Warum nicht bei der Schule einen offenen Bücherschrank für Kinder aufstellen?

Gesagt, getan.

»Mit der Bezirksleitung war das mit dem Platz schnell geklärt, der Schrank selbst war ein alter Serverkasten, den ein Bekannter nicht verkauft bekam, den Sockel baute mir ein anderer Freund, der sich mit Statik auskennt, und der Vater einer Schulfreundin meiner Tochter hat eine Druckerei. Er lieferte die bunte Beklebung«, erzählt sie. Also alles ganz einfach? Offene Bücherschränke gibt es ja bereits in vielen Städten. Bei einem in der Nähe von mir stöbere ich ganz gerne, da finden sich solche Schmuckstücke wie Dornenvögel aus den späten Siebzigern mit vergilbten Seiten und alter Rechtschreibung oder Romane mit ganz viel Weichzeichner auf dem Cover und herzergreifendem Kitsch zwischen den Buchdeckeln. Ursprünglich waren diese offenen Bücherschränke weniger als Leseinitiative, sondern vielmehr als Beweis dafür gedacht, dass Warentausch eben auch ohne Geld funktionieren kann. Quasi Parkbank mit Lesestoff. Schön!

Kinderbücher für alle!

Doch hinter dem Kinderbücherschrank von Sabine steckte noch eine andere Idee: »Ich lese wahnsinnig viel und gern, und habe auch immer dafür gesorgt, dass meine Kleine von Büchern umgeben ist. Da sammelt sich im Lauf der Zeit aber echt gewaltig was an. Von diesen dicken Fühlbüchern für die ganz Kleinen über die Badewannenbücher aus Plastik, die Wimmelbücher bis hin zu den ersten echten Erzählgeschichten. Jetzt haben wir zu Hause nicht wahnsinnig viel Platz für eine riesige Bibliothek. Da dachte ich mir, dass nicht nur meine Tochter, sondern eigentlich jedes Kind das Recht auf ganz viele Bücher hat. Ich beschloss also, so einen Bücherschrank zu organisieren. Ich konnte schließlich nicht die einzige Mama in der Gegend sein, die in Kinderbüchern untergeht«, erzählt Sabine.

»Hm«, werfe ich ein. »War das nicht alles megakompliziert, allein schon die Genehmigung für den Standort einzuholen und dann noch die Instandhaltung zu organisieren?«

Zentimetergenau zum Leseglück

»Das Gute war, dass die Schule meiner Tochter sofort begeistert mitgezogen hat. Bis auf die Genehmigung beim Bezirk war von offizieller Seite her also nicht so viel zu tun. Spannend war, erst mal herauszufinden, wer für den öffentlichen Raum zuständig ist. Als das endlich geklärt war, ging alles ganz einfach. Am meisten zu kämpfen hatten wir mit dem Unterbau des Kastens. Der musste so stabil sein, dass nichts umfällt und im Extremfall vielleicht sogar

ein Kind daraufklettern konnte. Aber das hat alles wunderbar funktioniert – bis heute! Die Helfer, die offizielle Genehmigung … alles hat perfekt zusammengepasst. Zentimeterarbeit war es auch, den Schrank selbst ins Auto meines Exfreundes zu bugsieren«, lacht sie.

»So viel Einsatz, Respekt! Und haben die Kinder denn die ganze Aktion auch gut gefunden oder war eigentlich alles für die Katz?«, frage ich nach. »Na, die Kinder an der Schule waren vielleicht begeistert! Viele brachten sofort eigene Bücher mit, und auch die LehrerInnen musterten ordentlich aus, der Schrank war tatsächlich von Anfang an voll! Und wird heute noch gern genutzt. Es gab sogar ein Schulfest zur Eröffnung, wo wir den Schrank auf den Namen SuFiLeTa tauften. Im Grunde war das Ganze also eine Gemeinschaftssache.«

»Wofür steht denn SuFiLeTa?«, frage ich. »Das ist die Abkürzung von ›Suchen, Finden, Lesen, Tauschen‹! Den Namen haben sich die Kinder ausgesucht, darüber wurde in der ganzen Schule abgestimmt. Der Bücherschrank war also nicht nur eine Einzelaktion einer engagierten Mutter, es haben einfach und unproblematisch ganz viele mitgemacht.«

»Und das Konzept Bücherschrank funktioniert wirklich immer noch? Ich kann mir das nur schwer vorstellen, es gibt schließlich in jeder Stadt Menschen, die auf dumme Ideen kommen. Wie etwa den Schrank umzuwerfen, mit Graffiti zu bemalen oder vollzumüllen.«

»Naja, Müll … man muss sich schon regelmäßig um den Schrank kümmern, hin und wieder liegen dann halt Bücher drin, die definitiv nicht für Kinderaugen gemacht wurden. Aber im Großen und Ganzen funktioniert es wirklich wunderbar. Auch einige LehrerInnen kümmern sich mit darum.«

Einfach mal was tun

Ich bin beeindruckt. Weil eine Frau, die eigentlich beruflich voll eingespannt ist und so nebenbei noch eine Tochter allein erzieht, dieses Projekt anscheinend so locker-flockig durchgezogen hat. Die Genehmigungen eingeholt, Material organisiert, sich vernetzt hat. Ohne die wirklich beeindruckende Energie meiner Freundin Sabine auch nur irgendwie kleinreden zu wollen: Sie hat gezeigt, dass das jede von uns schaffen kann. Man muss es nur wollen. Man muss sich eben einfach trauen, mal außerhalb der gewohnten Bahnen zu denken. Vielleicht mehr, als man sich selbst im ersten Augenblick zutrauen würde!

Also: Trauen wir uns doch! Tauschen lässt sich im kleinsten Kreis organisieren oder groß angelegt in der Öffentlichkeit. Beides ist keine Zauberei. Man muss nur auf die Idee kommen und sie durchziehen. Dabei kommt häufig unerwartet Hilfe, denn andere wollten »so etwas« vielleicht auch schon immer mal organisieren. In Wahrheit – da hat Sabine doch recht – ist es (gemeinsam) nämlich ganz einfach. Auch ich werde SuFiLeTa demnächst mal einen Besuch abstatten. Für meine Neffen und Nichten ist da sicher etwas Spannendes zu finden!

Nunu Kaller

≫Sharing is Caring!≪

JUST SHARE IT!

HEUTE FANG ICH AN!

DANK

Wir bedanken uns ganz herzlich bei allen Initiativen und Privatpersonen, die mitgewirkt haben. Es ist mutig in unserer kapitalistischen, konsumorientierten Welt andere Lebensentwürfe zu finden, es erfordert vor allem aber viel Kraft, deshalb wünschen wir euch viel Erfolg weiterhin auf eurem Weg.

Impressum

Deutsche Originalausgabe

Copyright © 2019 von dem Knesebeck GmbH & Co. Verlag KG, München

Ein Unternehmen der La Martinière Groupe

Projektleitung: Caroline Kaum, Knesebeck Verlag

Lektorat: Annika Genning, München

Layout und Satz: Julia Romeiß, Dachau

Umschlaggestaltung: Fabian Arnet, Knesebeck Verlag

Illustrationen: Julia Romeiß, Dachau

Herstellung: Arnold & Domnick, Leipzig

Druck: Polygraf Print, Prešov

Printed in Slovakia

ISBN 978-3-95728-269-9

www.knesebeck-verlag.de